Victor Hensen

Die Entwickelungsmechanik der Nervenbahnen im Embryo der Säugetiere

Verlag
der
Wissenschaften

Victor Hensen

Die Entwickelungsmechanik der Nervenbahnen im Embryo der Säugetiere

ISBN/EAN: 9783957003522

Auflage: 1

Erscheinungsjahr: 2015

Erscheinungsort: Norderstedt, Deutschland

Hergestellt in Europa, USA, Kanada, Australien, Japan
Verlag der Wissenschaften in Hansebooks GmbH, Norderstedt

Verlag
der
Wissenschaften

Die Entwickelungsmechanik

der

Nervenbahnen im Embryo der Säugetiere.

Ein Probeversuch

von

Victor Hensen,

Professor der Physiologie an der Universität zu Kiel.

Mit einer Tafel und vier Textfiguren.

Kiel und **Leipzig**

Verlag von Lipsius & Tischer

1903.

Die Entwickelungsmechanik der Nervenbahnen im Embryo der Säugetiere.

Ein Probeversuch

von

Victor Hensen,

Professor der Physiologie an der Universität
zu Kiel.

Mit einer Tafel und vier Textfiguren.

Kiel und Leipzig
Verlag von Lipsius & Tischer
1903.

Vorrede.

Vorliegende Schrift stützt sich auf meine nahe vierzigjährigen Studien und Erfahrungen über die Entwicklung des Nervensystems. Sie erhärtet meine Lehre, daß die nervösen Verbindungen nicht durch freies Auswachsen der Nerven im Embryo gebildet werden, sondern daß proximaler und distaler Endapparat vom Beginn ihrer Sonderung an bis zur abschließenden Festlegung der Nervenbahnen in Zusammenhang bleiben. Eine umfassende Darstellung erschien mir wünschenswert, weil ich glaube, alle mir bekannten Schwierigkeiten meiner Auffassung wenigstens theoretisch in annehmbarer Weise überwunden zu haben. Zuerst glaubte ich eine ganz kurz gefaßte, Darlegung ohne Abbildungen einem Journal übergeben zu sollen, stieß aber auf Widerstand. Ich habe mich daher zu einer eingehenden Entwicklung der schwierigen und für die tierische Embryologie schwerwiegenden Materie entschlossen. Eine sachliche Förderung schien mir durch eingehende Polemik nicht erreichbar, daher gehe ich sehr wenig auf entgegenstehende Arbeiten ein; sie werden nach ihrer bezüglichen Seite hin ohnedies widerlegt, sofern meine Lehre sich als richtig erweist. Stützen mußte ich mich hauptsächlich auf die in meinen früheren Veröffentlichungen vorliegenden Dokumente, weil die große Literatur so viele sich widersprechende Angaben enthält, daß für die nachfolgende Untersuchung eine entscheidende Auswahl hätte getroffen werden müssen, deren Berechtigung sehr anfechtbar gewesen sein würde. Daher muß ich hauptsächlich von der Entwicklungsgeschichte der Säugetiere, namentlich des Kaninchens ausgehen. Leider ist dies Material für eine ganz lückenlose Darstellung etwas schwer zu beschaffen. Wäre ich noch jung, so würde ich einige meiner hier neu gegebenen Schlußfolgerungen durch erneute Untersuchungen zu erhärten versucht haben, hätte aber diese ganze Darlegung wohl nicht beschaffen können. Jetzt widme ich meine Arbeit den jungen Forschern. Es wird, wie ich überzeugt bin, die Verfolgung meiner Lehre ein fruchtbares Feld sein und Erweiterungen sowie Berichtigungen ergeben; nur ein Rückgang zu dem alten Glauben an das Auswachsen der Nerven dürfte nicht lohnen, weil dafür kein physikalischer Mechanismus zu finden ist. Ich habe vergeblich gesucht, noch andere Möglichkeiten, als die hier besprochenen, für die Entwicklung des Nervensystems aufzufinden.

Die Einwürfe gegen meine Lehre.

Eine Veröffentlichung von Anton Dohrn (1) hat mich veranlaßt zu versuchen, meine Lehre von der Mechanik, die die Ausbildung der Nervenbahnen im Embryo leitet, unter Beachtung aller mir bekannten Modifikationen der Endigungsweise der Nerven darzulegen [1]). Dazu fehlte mir bisher zu passender Zeit die Veranlassung, auch stieß die Lehre auf Schwierigkeiten, die ich erst jetzt überwinden lernte. Aus Dohrn's Darlegung wird ersichtlich, daß sich nur wenige Forscher, z. B. Gegenbaur und Fürbringer der sonst allgemein angenommenen Lehre vom freien Auswachsen der Nerven entgegen gestellt haben. Dennoch wird die Lehre von dem anfänglichen Zusammenhang des proximalen und distalen Nervenendes immer wieder erwogen und bekämpft. Meine Darlegungen haben an dieser Tatsache nur ein geringes Verdienst; der Grund liegt wesentlich in der Unmöglichkeit der Hypothese des freien Auswachsens der Nerven, an der nichts gebessert wird, wenn man die Nerven durch Spalträume im Körper geleitet werden läßt.

Dohrn und eine große Zahl von Embryologen geben an, daß die Nerven vom Mark oder Ganglion her an ihr peripheres oder auch an ihr zentrales Ende hin auswachsen. Sie sollen aus dem Mark in der frühen Zeit, wo noch kaum eine kernfreie Zone an ihm zu sehen ist, auswachsen; wann sie dann ihren Endapparat erreichen, habe ich nicht angegeben gefunden. Die Schwierigkeit, auf einer Schnittscheibe Anfang und Ende eines Nerven zu sehen, ist vielleicht nicht voll gewürdigt worden. Sei der Schnitt 0,02 mm dick und der Nerv 1 mm lang, so darf die Schnittrichtung nicht mehr als 1° von der Ebene des Nervenverlaufs abweichen, um ihn ganz zu treffen. Das setzt voraus, daß der Nerv in grader Linie verlaufe, wofür keine Garantie besteht. Dies kommt namentlich für Längsschnitte des Optikus in Betracht. Es kommt aber häufig vor, daß man den distalen Teil eines Nerven vor sich hat und ihn dann z. B. an einem Extremitätenhöcker aufhören sieht. Dieser Befund beweist nicht, daß der Nerv im Auswachsen begriffen sei, denn man sieht nicht das Ende von Nervenfasern (wenn sie nicht

---

[1]) Ich gebe hier fast nur Zeichnungen aus meinen älteren Arbeiten. Wo neben der Ziffer des Zitats die Fig. in Kursivschrift angegeben wird, finden sich die Figuren nicht in dieser Schrift, sondern nur in der citierten älteren Arbeit.

etwa abgeschnitten sind), sondern der Nerv verschwindet im dichten Zellge-
webe lediglich, weil man seine sehr feinen, wahrscheinlich divergierenden
Fasern hier nicht heraus zu mikroskopieren vermag. Die Richtigkeit dieser
Ansicht begründet sich durch meine Erfahrung über die Verteilung der Nerven
in den noch fast von Gewebzellen freien Schwanzplatten junger Froschlarven, wie sie (2. A.) Fig. 12 zeigt. Wahrscheinlich sind Nervenzweige der
Unterseite mit eingezeichnet worden, worauf es hier nicht ankommt. Die
Verzweigungen waren trotz der großen Durchsichtigkeit des Gallertgewebes,
dessen Ektoderm entfernt worden war, sehr schwer bei 900-facher Vergrößerung zu erkennen, was man auch der Figur wird ansehen können.
Derartige Nervenzweige in dem mittleren Keimblatt eines Säugers zu erkennen,
muß ich für untunlich halten; sie nicht sehen zu können beweist sicher nichts.
Der negative Beweis, daß man die Nerven in sehr früher Zeit nicht sehe, ist
falsch, denn man kann die Faserbündel genügend sehen.

Zur Lehre vom Auswachsen der Nerven dürfte theoretisch Folgendes
zu sagen sein. Der Vorgang der ontogenetischen Entwickelung ist in höchstem
Grade belehrend für den Fluß des Wachstums und der Formbildung der
lebenden Teile, weil die von verhältnismäßig sehr wenigen Zellen rasch
beschaffte und im voraus bekannte Formbildung, wenn überhaupt, so hier
verständlich werden muß. Der Vorgang ist besonders anziehend, weil oft
aus wenigen Vorbedingungen heraus (Eigenschaften der Keimblätter, Faltungen)
die Notwendigkeit des Geschehens verstanden werden kann, weil zwar die
gesamten Leistungen im Aufbau eines Organismus als unermeßlich große
hervortreten, aber diese Leistungen in Bruchstücken dennoch ermessen
werden können, weil sich einem umsichtigen Studium weitere Erfolge in
Aussicht stellen, endlich weil zur Einsicht vorliegt, wie gebaut wird, um allem,
was zur Lebensführung notwendig ist, zu genügen. Die Lehre vom Auswachsen der Nerven an ein vielleicht schon etwas entwickeltes aber doch
noch ungeborenes Ende stellt von dem Allen, soweit ich einsehen kann, nichts
in Aussicht. Wir stehen damit einfach vor einem ewigen, ununterbrochen
fortlaufenden Wunder allergrößter Art! Die Lehre gibt eine Erklärung
für jeden denkbaren und undenkbaren Fall, ist also keine Erklärung, sondern
nur ein „noli me tangere" für die Forschung. Dies nackt hervortretende
Unvermögen wird von der Metaphysik mit einem Mäntelchen umkleidet. Es
wird der Begriff Cytophilie aufgestellt (3) und die Weise des Nervenwachs-
tums aus Neuro-Epitheliophilie und Neuro-Myophilie erklärt. Als
Beweis für die Richtigkeit dieser Anschauung dienen einesteils Erfahrungen an
Furchungszellen, andernteils die Tatsache, daß transplantierte Hautlappen ein
eigenes und richtig lokalisiertes Gefühl erlangen. Über letztere hier zunächst
in Betracht kommende Tatsache habe ich mich zu orientieren versucht. Eine
eingehende histologische Untersuchung von Enderlen (4) über verschiedenartig
ausgeführte Transplantationen ergibt, daß sich die Cutis vollständig, die
Epidermis zum großen Teil vollständig von den Seiten her erneut; das Verhalten
der Nerven wurde nicht ermittelt. Die Angelegenheit ist demnach nicht
spruchreif; doch selbst wenn die Empfindung wirklich vollständig wieder her-

gestellt würde, was zu bezweifeln ist, liegt noch kein Grund vor, anzunehmen, daß der Fall meiner Lehre widerspreche, wie sich später zeigen wird. Ich wurde ferner auf eine hübsche Untersuchungsreihe von Forßmann (5) aufmerksam gemacht. Diese beweist, daß die Richtung des Auswachsens der Nervenfasern aus Nervenstümpfen chemotaktisch, teils positiv, teils negativ beeinflußt werden kann. Diese Sache steht aber mit der vorliegenden Prüfung in keinem Zusammenhang. Daß die Nerven im Embryo sich verlängern, ist sicher; daß sie an Stümpfen auswachsen würden, möchte ich durchaus nicht in Abrede stellen. Es handelt sich aber um die Prüfung, ob die Nervenbahnen von ihrem Beginn an durch Verbindungen zwischen Anfangs- und Endzelle so festgelegt sind, daß ein Aufsuchen der Enden durch freies Auswachsen sich erübrigt oder vielmehr nicht geschehen kann. Auch die Cytophilie „erklärt" Mögliches und Unmögliches. Verbände sich ein beliebiger Intercostalnerv mit der Hypophysis, so würde dies sowohl durch freies Auswachsen, wie auch insbesondere durch Cytophilie erklärbar sein; meine Lehre ergibt die Unmöglichkeit solchen Vorkommens, wie sie denn überhaupt stark bindet.

Einwürfe, die sich auf Einzelheiten beziehen, finden von selbst in den nachfolgenden Ausführungen ihre Erledigung. Nur auf einen der Gegenbeweise, die A. v. Kölliker (6) gegen meine Lehre erhebt, muß schon hier eingegangen werden, weil er nicht die Sache, sondern die Methodik betrifft. Kölliker schreibt S. 619: Wenn die Hensensche Hypothese richtig wäre, so müßten nicht nur die Zellen der embryonalen Medullarplatte mit allen Anlagen von Muskelzellen und von Nervenendzellen von Anfang an in Verbindung stehen, sondern es müßten auch alle Nervenzellen der Medullarplatte und der Ganglien (warum letzteres? Hn.) untereinander zusammenhängen. Wie kommt es nun, frage ich, daß man von diesen Verbindungen nichts sieht, daß noch niemand zu zeigen gelang, daß die Zellen der Medullarplatte mit den Zellen der Urwirbel oder der Muskelplatten oder mit denen der Seitenplatten (letztere Forderung nehme ich nicht an. Hn.) oder des Ektoderms verknüpft sind und daß ebensowenig Verbindungen der Medullarplattenzellen unter einander in der Längsrichtung sich wahrnehmen lassen? Und doch sind wir jetzt im Besitze feinster Schnitte wohl erhärteter Embryonen, erkennen mit Leichtigkeit die feinen Anastomosen aller bindegewebigen Mesodermzellen unter einander und die feinsten Fäserchen eben entstehender Nerven oder weißer zentraler Nervensubstanz. Ich folgere aus diesen Umständen, daß die vermeintlichen Verbindungen nicht existieren, und behaupte, daß man sie sehen müßte, wenn sie da wären. So weit Kölliker, dessen erste Sätze ich unter den bezeichneten Ausnahmen acceptiere. Wenn mein hochverehrter Lehrer Kölliker, der meine hier wiedergegebenen Zeichnungen kannte, statt des Wortes „niemand" geschrieben hätte: „nur Hensen", würde das den Tatsachen genauer entsprochen haben. In Bezug auf die letzten Sätze habe ich meine abweichende Ansicht zu begründen. Meinen Befunden stellt Kölliker gegenüber die modernen Schnitte, von denen er mit wenigstens einer Art von Recht behauptet, daß sie nicht zeigen, was meine Präparate ergeben haben.

Einwürfe
von Kölliker

Ich stelle es der Beurteilung anheim, ob auch nur eine der von Kölliker gegebenen Schnittzeichnungen des Rückenmarks mit meinen hier gegebenen Schnitten z. B. Fig. 55 und 56 sich messen kann. Erhärtet und gefärbt sind die neueren Schnitte sehr vorzüglich, aber sie stammen nur von völlig ausgetrockneten Embryonen und sind schließlich in Balsam gebracht; das zu erwähnen ist ganz vergessen worden, kommt aber doch bei diesen verzweifelt weichen und wässrigen Embryonen recht sehr in Betracht. Es kann der praktische Nachweis geliefert werden, daß meine Methodik (7a) zeigt, was die neueren Embryologen nicht sehen können, oder soeben zu entdecken beginnen. Als es mir gelang, wirkliche Querschnitte von Hühnerembryonen zu gewinnen und ich diese 1864 in einer Arbeit (7) vorlegte, zeigte ich schon, daß zwischen Ektoderm und Mesoderm eine struk- turlose Membran auftrete, die ich mit dem nicht glücklichen Namen „Membrana prima" belegte. Schäfer (8) hat dann 1876 dieselbe Membran bei Katzeneiern selbständig wiedergefunden. Er bemängelt meine Benennung und nennt sie M. limitans. Ich bitte diesen Namen anzunehmen, also von einer Limitans des Ektoderms, des Entoderms, des Rückenmarks u. s. w. zu sprechen. Die Fig. 47 und 48 dieser Abhandlung zeigen diese Haut, die mühelos zu sehen ist, an Querschnitten, und zwar zeigt der Schnitt 47, daß auch das Entoderm durch eine allerdings sehr feine Limitans überzogen wird, die auch die erste Chordascheide bildet. Die Limitans des Ektoderms habe ich in großer Aus- dehnung frei präpariert und einen Teil des Präparats für die Zeichnung Fig. 44 hergerichtet, indem ich die feine und durchsichtige Membran am Rande in jene Falten legte, die die Figur wiedergibt. Ist es vernünftiger Weise denkbar, daß ich hier einem Irrtum verfallen sein sollte? Das Verhalten von Gerinnsel im Embryo kenne ich in Folge meiner Methodik sicher ebenso gut wie sonst irgend ein Embryologe. Präpariert man ein Gerinnsel mit der Nadel unter dem Mikroskop, so zerreißt und zerbricht es und wird von der Nadel in allen Dimensionen durchfurcht. Ein feines Gerinnsel so in Falten zu legen, wie es in Fig. 44 mit der Limitans geschehen ist, erweist sich als untunlich. Man könnte einwenden, daß die Membran nicht im unerhärteten Zustand dar- gestellt sei; diesen Versuch habe ich nicht angestellt. Die M. limitans interna der Retina, die primäre Linsenkapsel, die M. propria der Drüsen, die Basement- membrane in der Haut, die die Histologen so reichlich von Nerven durch- bohren lassen, entsprechen alle der Limitans des äußeren Keimblattes; hier braucht man die Darstellung der frischen Hüllen doch nicht, um sie anzu- erkennen. Bereitwillig gebe ich zu, daß die modernen Schnitte von einer Limitans des Ektoderms nichts zeigen; die dünnen Schnitte zeigen sie vielleicht einmal in Form von Fäden sich abhebend, aber einerseits die Austrocknung und andererseits die Lichtbrechung des Balsams erschweren so sehr ihre Erkennung, daß auch ich nur selten ein Präparat im Kursus erhalte, an dem ich ihre Anwesenheit demonstrieren möchte. Später scheint die Limitans so eng mit dem Mesoderm zu verwachsen, daß man sie nicht gesondert sieht; es ist daher nur leicht, sie an so günstigen Stellen, wie es Retina und Linse sind, zu sehen. Da die Limitans hier anerkannt wird, war es nicht sehr konsequent, den Nachweis ihres Vorkommens an anderen Orten wegzuwischen; dazu hat die neuere Methodik verleitet. Ich glaube daher nachgewiesen zu haben, daß das große Lob der neueren Methoden, auf das Kölliker sich stützt, doch nicht so unbedingt gültig ist, wie es in obigem Citat hingestellt wird. Daß Kenntnis und Verständnis der Limitans nicht so gleichgültig sind, wie es scheinen mag, ergibt sich aus Folgendem. Jeder Histologe beschreibt Limitans externa
retinae. jährlich eine Membrana limitans externa der Retina und macht damit einen doppelten Fehler. Da er zugleich Embryologe sein wird, kann ich diesen Fehler nicht ganz so leicht nehmen, als wenn ein Muskelursprung irgendwo nicht richtig gelehrt wird. Es handelt sich nämlich bei der fraglichen Bildung weder um eine Membran, noch um eine Limitans, nicht einmal um jene Cuticularbildung, die ich an der inneren Oberfläche des Rückenmarks u. a. Fig. 78 c signalisiert habe. Es handelt sich um die, wie bei dem Rückenmark Fig. 57, 58, A, so auch in der Retina intercalierten feinen freien Zellenenden, die eine Linea capitulorum bilden und die, da die Zellen etwas knopfförmig in der Retina enden, als eine körnige Linie erscheinen. Diese ist durch die Zapfen und Stäbchen durchbrochen, weil diese Bildungen über die ursprüngliche Innenfläche der primären Augenblase empor gewachsen sind. Nach vorliegenden Beobachtungen scheinen auch von der Linea capitulorum Fäden an den Sehelementen hinauf zugehen, die m. E. wohl bis zum Ritterschen Faden hin gelangen könnten. Dies wäre der Weg, der physiologischen Forderung, daß qualitativ verschieden empfindende Sinneszellenenden in einem Sehelement liegen, zu genügen; bei dem gleichmäßigen Bau der inneren Retinaschichten ist eine qualitative Verschiedenheit gleichartiger Sehelemente anzunehmen histologisch kaum zulässig.

Metaphysisch wird die Trennung der Keimblätter vom Mesoderm durch das Wort „Cytarme" entwickelungsmechanisch erklärt.

Es kann nunmehr an die Prüfung meiner Lehre herangetreten werden.

Die motorischen Nerven.

Die Muskelfaser ist die Endzelle des motorischen Nerven. Für diese Auffassung, die mir nicht nur für die glatte, sondern auch für die quergestreifte Muskelfaser selbstverständlich erscheint, ist es gleichgültig, ob sich der Nerv in der Substanz der Faser auflöst, oder ob er sich durch eine Art Endplatte von der quergestreiften Substanz scheidet. Die Urwirbelplatten enthalten die Anlage der quergestreiften Substanz der willkürlichen Muskulatur des Körpers. Meine Lehre erzwingt sogar die Annahme, daß auch die glatte Muskulatur des Körpers aus ihnen stammt, aber darauf komme ich erst gegen Schluß dieser Arbeit zurück. Man sieht das Vorwachsen der Muskulatur von den Urwirbeln aus in die Bauchhaut schon mit dem bloßen Auge bei frischen Embryonen entsprechender Stadien sehr schön, und wenn es auch recht schwer gelingt, dieses Einwachsen auch in die Extremitäten nachzuweisen, so läßt sich doch kaum bezweifeln, daß alle willkürlichen Muskeln von den Urwirbeln herzuleiten sind. Die Zellen der Urwirbel stammen aus dem Ektoderm, von dem sie sich, wie ich (7) schon 1864 für das Hühnchen zeigte, mit dem Auftreten und der Umbildung des Primitivstreifs abspalten. Es entstehen dabei einerseits die verdickte Ektodermmasse der Medullarplatte, andererseits die Urwirbelplatten, die mit allen ihren Zellen der Medullarplatte anliegen, dann die Urwirbel und an der Innenwand ihrer Höhle sowie aus den in die Körperwand hineinwuchernden Urwirbelzellen die Muskeln. Fig. 100. Bei diesem Prozeß bildet sich die Limitans des Rückenmarks, aber trotzdem bleiben zwischen den Zellen des Rückenmarks und den Urwirbelzellen Verbindungsfäden bestehen. Man kann diese indessen nur sehen, wo während der Erhärtung Urwirbel und Medulla ein wenig auseinander gewichen sind. Ich (9) habe diese Fäden vom Kaninchen und Meerschweinchen in Fig. 47 und 48 gezeichnet, außerdem in (9) Fig. *38, 39, 40, 50, 76.* Ich sehe sie an fast jedem Balsampräparat aus entsprechender Zeit, wie es jährlich, in ausgezeichneter Weise von Graf Spee geschnitten und gefärbt, in vielfacher Zahl in unserem embryologischen Praktikum zur Verteilung kommt. Wie der Beweis des bleibenden Zusammenhangs zwischen Medullar- und und Urwirbelzellen besser zu führen wäre, als z. B. durch die Präparate, denen die selbstverständlich möglichst treu wiedergebenden Zeichnungen 47 und 48 entsprechen, wüßte ich wirklich nicht. Da man die Fäden sowohl in Wasser, als auch in Balsam sieht, kommt ihrer Substanz eine gewisse Dichte zu. Sie können also nicht, wie behauptet worden ist, Schleimfäden sein. Es hat übrigens neuerdings J. Graham Kerr (10) berichtet, daß diese Verbindungen sehr deutlich von ihm erkannt worden seien. Da er dabei erklärt, daß seine Entdeckung erst nachweise, was ich nur theoretisch aufgestellt hätte, so steht seine Unbefangenheit genügend außer Zweifel. Er gibt dann in (11) zwei Abbildungen des Verhaltens. Die eine Taf. 28 Fig. *12a* gibt die Verhältnisse nicht besser, eher schlechter, als ich sie an Balsampräparaten von Kaninchen zu finden pflege, und steht weit hinter der Beweiskraft meiner hier citierten Figuren. Seine Fig. *12b* dagegen gibt den Zusammenhang mit den Urwirbelzellen sehr gut.

R. Altmann (12) hat versucht, meine Lehre faktisch zu widerlegen. Er findet in einem Querschnitt des eben freigewordenen Kopfes eines Hühnerembryos im Mesoderm zwar Fasern genug, die einerseits an das Entoderm, andererseits an das Ektoderm herangehen, aber dennoch kämen keine wirklichen Verbindungen mit den Zellen des Marks vor. Altmann hat nicht beachtet, daß die Urwirbelplatte des Kopfes nicht bis an den Ort seines schönen Schnittes herangekommen ist, daß er also nur Bindesubstanz im Schnitt vor sich hatte. Sein Befund entspricht daher durchaus meiner Ansicht. Ich habe (2) am Schwanz der Amphibienlarven, im entschiedensten Gegensatz gegen Götte, niemals mit Sicherheit oder auch nur mit Wahrscheinlichkeit eine Verbindung von Nerven und Bindegewebszellen nachweisen können.[1])

Der Übergang der in Fig. 47, 48 gezeichneten Stadien zum vollendeten Nervenstamm geschieht sehr allmählich. Das zunächst im Querschnitt kreisförmige Rückenmark wird stark oval. Es wächst vorwiegend in seinen hinteren Partien, wo es ja Raum findet. An 250 Serienschnitten von dem Rumpf eines Meerschweinchens von 17 Tagen 8 Stunden Alter finde ich die Urwirbel-Medullarverbindungen nur noch an der vorderen Hälfte, die hintere ist frei davon.

Es sammeln sich während dessen, wie der etwas schräg durchgehende Querschnitt Fig. 50 auf der rechten Seite erkennen läßt, die Nerven zu einem Bündel. Darauf wird die Wurzel compacter, geht aber noch weit mehr seitlich als vorn von dem Rückenmark ab. Dies Verhalten zeigt die Textfigur IV B, S. 31. Es ist dies ein Schnitt von einem Schafsembryo, dessen Abbildung ich nicht veröffentlicht habe, und von dem nur das Wesentliche in der Textfigur wiedergegeben wird. Der darauf folgende Zustand, in dem, wie Fig. 56 zeigt, die Nerven zu Bündeln vereint durch die Limitans hindurch treten, ist mechanisch schwer verständlich. Sie breiten sich innerhalb und außerhalb dieses Durchgangs wieder aus. Es dürften hier die physikalischen Wirkungen der Oberflächenspannung und Capillarität zur Geltung kommen. Diese Kräfte werden die Nervenfibrillen sowohl von den Seiten, als auch

---

[1]) In Fig. *6 B*, Taf. IX (2 B) scheint zwar ein Nervenbündel an einer Cutiszelle zu enden, doch handelt es sich hier um ein Rißende.

von oben nach unten her zusammen führen. Dies Verhalten ist für die Lehre vom freien Auswachsen wie für meine Lehre gleich schwer erklärlich. Ich erinnere indessen daran, daß der Nervus cochlearis bei seinem Eintritt in das Epithel der Schnecke sich so aus seiner gleichmäßigen Ausbreitung zusammendrängt, daß er durch die Löcher der Habenula perforata durchzugehen vermag, hier also die Dinge anerkannter Maßen völlig gleich verlaufen.

Wenn sich die Urwirbelplatten zu Urwirbeln runden, so müssen, scheint es, die Nerven der distalen Hälfte über ihnen, vielleicht auch unter und neben ihnen hinziehen. Ich sehe zwar in einigen meiner Figuren Andeutungen von Fasern, die über sie hinzuziehen scheinen, aber mir ist diese Notwendigkeit, wenn es eine solche ist, bei den bezüglichen Untersuchungen noch nicht klar gewesen, deshalb habe ich auf diese Verhältnisse nicht genügend geachtet. Es könnten die Nerven aber auch zwischen den Zellen verlaufen.

Die Nerven in den nervösen Centren.

Bidder und Kupffer haben bekanntlich entdeckt, daß die weiße Substanz des Rückenmarks entstehe, ohne daß sie irgend Kerne in ihr bemerken konnten. Sie schlossen daraus, daß die Nerven aus der grauen Substanz in die weiße hinein wüchsen. Diese Lehre gipfelt schließlich in den Neuronen, Neuriten und Dendriten, kurz in der Leugnung jedes direkten Zusammenhangs im Mark, abgesehen also von dem Zusammenhang zwischen motorischer Ganglienzelle und Muskel. Unter Anderen hat W. His (12) diese Lehre übersichtlich zusammengefaßt und darf darauf verwiesen werden. Die Lehre scheint mehr und mehr auf Bedenken zu stoßen, indessen ist sie für die vorliegende Frage insofern ohne Bedeutung, als sich, wenn nur eine richtige Lagerung der Nerven gewonnen worden ist, nachträglich die Verbindungen lösen könnten, falls das physiologisch erforderlich sein sollte.

Für Bidder war die ganz überwiegende Masse des Marks Bindegewebe. Seit Heinrich Müller und ich (vrgl. 7) nachgewiesen haben, daß Mesoderm nur durch einwachsende Gefäße ins Mark getragen wird, und seitdem ich am Schwanz der Froschlarve nachwies, (2 A u. B) daß die Achsencylinder im Mesoderm sich ohne Beteiligung von Mesodermzellen entwickeln (7. Fig. *11*) und Bildungen des Ektoderms sind, mußte Bidders Ansicht fallen. Man verlegt dagegen Gliom, also nicht nervöse Substanz, noch immer mit großer Vorliebe in das Mark, und braucht es ja auch in großer Menge für die Golgi-Präparate. Meines Erachtens dagegen ist die Embryologie und damit auch die Histologie nur berechtigt, solche Substanz im Mark als nicht nervös zu bezeichnen, die secerniert, flimmert oder sicher den Zusammenhang mit Nerven aufgegeben hat; abgesehen natürlich von den Gefäßen im Mark.

Die Bedeutung der das Mark ursprünglich ganz allein bildenden Zellen, von denen später einige als Epithel des Centralkanals separiert werden, richtig zu würdigen, ist zunächst Aufgabe der theoretischen Embryologie. Ich halte diese Zellen für Urenden der Nerven, für die Urganglien des Marks, und gebe die Rechtfertigung dieser Ansicht in Folgendem. Wann wir im Embryo physiologisch leistungsfähige, also wirkliche Nerven vor uns haben, ist bis jetzt morphologisch nicht zu entscheiden; man wird. Nerven anerkennen müssen, sobald der Embryo Spuren von Körperbewegung zeigt. Wir haben aber kein Bedenken, schon von Nerven zu sprechen, wenn runde, etwas stark lichtbrechende Fasern in dem Verlauf, der Lage und Verbindung

gesehen werden, die später von physiologisch und anatomisch unzweifel-
haften Nerven eingehalten werden. Mit den Ganglien, die physiologisch überhaupt nicht sicher zu definieren sind, steht die Sache übler. Immerhin
verlangt man noch nicht, um von solchen zu sprechen, die gut charakterisierte
Beschaffenheit der großen Ganglienzellen, denn in den Spinalganglien, dem
Ganglion Gasseri u. s. w. haben die Zellen anfangs nur das Aussehen einfacher Embryonalzellen. Da wir erfahren, daß sie sich später zu großen
Ganglienzellen entwickeln, nennen wir sie schon zur Zeit ihres frühesten
Auftretens Ganglienzellen und dürfen wohl das gleiche auch in anderen
entsprechenden Fällen tun. Da sich ausschließlich in den Zellen am Centralkanal mitotische Teilungen vorfinden und es wenig wahrscheinlich ist, daß
amitotische Teilungen in den Zellen der grauen Substanz erfolgen, weil man
sie nicht sieht, und da ferner auch die Tatsache, daß namentlich im centralen
Nervensystem ontogenetische Vererbungen stattfinden, die meines Erachtens
(15) in der mitotischen Kernteilung durch Getrennterhaltung der morpho-
logischen Samen- und Eikernelemente ihren Träger finden, in dieser Richtung
spricht, entsteht die Frage, ob wirklich diese ausschließlich teilungsfähigen
Zellen am Centralkanal als Urganglien aufzufassen sind. Ich erinnere zunächst
daran, daß die Zellen der Urwirbel noch nicht Muskeln sind, obgleich sie
dazu werden, daß die Zellen des embryonalen Ektoderm noch nicht Drüsen
oder Haar- und Hornzellen sind, obgleich sie dies wohl überall werden können.
Dafür, daß die Zellen des Centralkanals Urganglien sind, spricht:

1) Sie können bei besonders reicher Blutzufuhr secernierende Epithelzellen werden — Zellen der Plexus chorioidei, Pigmentepithel der
   Retina — sie sind daher noch nicht Epithelzellen.

2) Sie gewinnen als Stäbchen- und Zapfenzellen der Retina eine specifisch
   ausgebildete nervöse Beschaffenheit, bergen also in sich Eigenschaften,
   die sie zur Annahme nervöser Funktionen noch in der recht späten
   Zeit befähigen, in der sich die genannten Formen entwickeln.

3) Die Zellen der Spinalganglien, die sich noch mitotisch teilen können,
   stammen bei Säugetieren, wie ich dargelegt habe, direkt von den
   Zellen des Centralkanals ab. Diese Zellen werden zu gewöhnlichen
   Ganglien.

4) Die Zellen des Centralkanals haben schon zu einer Zeit, wo nur
   sie allein die Masse des Marks vertreten, zwischen und an sich
   Fasern (Fig. 53 B.) die sich nicht von den späteren Nervenfaserungen
   im Mark unterscheiden. Sie erweisen sich also auch in dieser
   Beziehung als gangliös.

Es sei hier noch daran erinnert, daß die Ektodermzellen im Canalis
cochlearis zunächst alle völlig gleich aussehen. Später bilden sie sich um,
die einen zu flachen Epithelien an der gefäßreichen M. Reissneri und zu
Epithelien an der Stria vascularis, zu harter Zellsubstanz an den Huschkeschen
Zähnen, zu den Pfeilern und Stützzellen und endlich unter Entfernung von
der ernährenden Unterlage zu den Sinneszellen. Die Fähigkeit, zu aus-
gezeichneten Sinneszellen zu werden, muß, wie ich demnach glaube, zunächst

allen Zellen des bezüglichen Epithels anhängen; diejenigen, die im Lauf
des Wachstums an die bezügliche Stelle geschoben werden, entwickeln sich
in bezüglicher Weise. Das ist wenigstens die einfachste Auffassung des
Geschehens. Man stößt hier auf die Erfahrung, daß reiche Ernährung Epithel-
bildung veranlaßt, Entfernung vom Nährboden, Entwicklung von besonderen
Nervenendapparaten, so bei der Retina, der Riechschleimhaut, den Pacinoiden-
Endapparaten. Ich sehe keine Verwendung dieses Gegensatzes, den man
eigentlich gerade in umgekehrter Richtung erwarten möchte, weiß auch nicht,
ob ich den Sachverhalt richtig auffasse, aber ich wollte doch darauf hinweisen. Nebenbei gesagt scheint mir die Masse longitudinaler Nerven
innerhalb des Epithels der Schnecke nur als Rest von Zellteilungen aufgefaßt
werden zu können. Jede Cortische Zelle dürfte mehrere Nerven haben.

Sind also die Zellen am Centralkanal entsprechend obigen Darlegungen
mehr wie alle anderen gleichzeitigen Zellen des Embryo nervöser Natur, so
sind auch die als ihre Fortsetzungen bis an die Limitans des Marks verlaufenden Radiärfasern der gleichen Beschaffenheit. Solche Radiärfasern habe ich noch aus dem Rückenmark mit stark entwickelten Längssträngen bis nahe an die Limitans herauspräparieren können, Fig. 60; man
findet übrigens diese Fasern in G. Retzius (14) Bd. V Taf. 10, vielfach und
durch Nervenfärbung dargestellt. Nachdem sie zuerst von H. Müller in der
Retina aufgefunden wurden, hatte sie meines Wissens Stieda zuerst aus dem
centralen Nervensystem beschrieben. Diese Fasern sind in späterer Zeit,
wenigstens in der Retina, resistenter als die übrigen Bestandteile derselben,
auch ist es wohl ihre Verlängerung, die die eigentümlich starren Fasern des
Ligamentum Lentis von der Pars ciliaris Retinae aus entwickelt. Es mag sein,
daß sie später eine Art Skelettgewebe bilden, aber zunächst sind sie
als Verlängerungen der Urganglien nervös. Es wäre ja auch para-
dox, wenn die Substanz des Rückenmarks zuerst aus lauter Stützgewebe
bestände! Ich fand und die Fig. 53, 57, 58, A. zeigen es, daß wohl alle
Zellen der grauen Substanz im embryonalen Mark, mindestens bis zu der
Zeit, wo die Extremitäten fertig gegliedert sind, mit einem mehr oder weniger
schmalen Fortsatz bis an die Oberfläche des Centralkanals heranreichen,
wenngleich ihre Kerne nebst etwas Protoplasma verschieden weit in die
graue Substanz hineingerückt sind. Dieser Befund beweist, daß die Teilungen
der Zellen des Centralkanals immer in radiärer, also in einer zur Oberfläche
des Centralkanals senkrechten Richtung erfolgen müssen. Die Richtung möge
künftig als Richtung der z-Achse bezeichnet werden. Die Teilung verläuft
also in Richtung der Radiärfasern und wird diese, falls sie ganz durchgeht,
spalten und vermehren. Damit stimmt überein, daß sich die Radiärfasern
mit dem Wachstum des Marks tatsächlich vermehren; indessen scheint mir
die Vermehrung nicht so groß zu sein, wie die Vermehrung der Zellen der
grauen Substanz. Diese lagern zum Teil an den Radiärfasern Fig. 58, trennen
sich also nicht ganz von ihnen. Die Radiärfasern enden einzeln, zuweilen
in Form eines Zellenendes (vergl. 7, Fig. *18*), an der Limitans des Rückenmarks; dicht innerhalb von diesen Enden sind sie, wie ich glaube zuerst

erkannt zu haben, durch Querbalken unter einander verbunden. Die bezügliche Zone wird jetzt nach Schwalbe als Spongiosa bezeichnet. Ob dieser Zusammenhang durch unvollständige Teilung und durch Teilung auch der Balken sich erklärt, oder ob die Balkenverbindung erst nachträglich entsteht, kann dahin gestellt bleiben, es ändert an dem Resultat nichts. Dieses lautet: Von jeder Ektodermzelle des Marks aus kann jede andere Zelle desselben durch Verbindungswege erreicht werden, denn alle Ektodermzellen desselben sind im Embryo durch ein Maschenwerk, das teils in der grauen Substanz selbst, teils um die graue Substanz herum gelegen ist, direkt oder indirekt mit einander verbunden.

In soweit dürften alle Embryologen, abgesehen von Verschiedenheit der Deutung und von kleinen Details zustimmen können. Das Unterscheidende kommt jetzt erst. Die Auswachslehre läßt die Nerven zwischen den Balken der Spongiosa hindurchwachsen oder sich hindurchwinden. Ich lasse die Urnervenbahnen zur Nervenbildung benutzen, resp. sich partiell in diese umwandeln. Ich verlange nicht, das hier das Auswachsen der Nerven demonstriert werde, die Aufgabe wäre zu schwierig, aber dagegen möge man auch nicht Präparate zeigen oder zeichnen, die das demonstrieren sollen. Die Entscheidung muß sich auf dem Wege der Detailuntersuchung finden lassen. Aus dem Netzwerk der Spongiosa separieren sich, wie ich finde, schon zur Zeit des ersten Auftretens derselben Züge von etwas längere Strecken durchlaufenden Nervenfäden, die von ähnlicher Dicke, auch wohl etwas dicker sind, als die Fäden, die man beim Zerpinseln der grauen Substanz beobachtet. Fig. 78. Diese Züge scheinen mir ganz im Beginn, entsprechend dem Balkennetz, etwas zackig zu verlaufen, bald aber trennen sie sich von den Balken, indem sie sich strecken, bleiben dabei aber noch längere Zeit mit den Balken durch Fäden in Verbindung. Intimere Studien über diesen Vorgang habe ich seinerzeit nicht gemacht, weil mir. damals deren Nützlichkeit und Notwendigkeit nicht ersichtlich war. An den Orten der Stränge, wo die Nervenzüge schon stark entwickelt sind, erscheinen die Verbindungen mit dem Balkennetz fein und zurücktretend, Fig. 56 hinten, während in weniger weit entwickelten Strängen die Spongiosabrücken mehr hervortreten, als die Durchschnitte der Nervenbündel, Fig. 56 Vorderstrang. Die runden optischen Querschnitte der Nervenzüge sind verschieden dick und nicht regelmäßig verteilt, sie liegen oft an den Radiärfasern selbst, oft aber auch an den Balken derselben. Diese Unregelmäßigkeit zeigen Balsampräparate aus der entsprechenden Embryonalzeit besser als meine Zeichnungen. In der vorderen Kommissur hat man an Querschnitten den Nervenverlauf im Gesichtsfeld. Auch hier werden, soweit ich erkennen konnte, zunächst die Balkenverbindungen der Radiärfasern benutzt, dann machen sich die Nerven mehr und mehr von diesen frei, oder es reißen sich die Nerven aus diesen heraus und nehmen einen gestreckten Verlauf an. Ein Auswachsen der Fäden, das übrigens durch Abschneiden vorgetäuscht werden könnte, sehe ich nirgends, sondern nur das Hervortreten bestimmter Richtungen in dem Wirrwarr von Fäden.

Um den Notwendigkeiten, die hier obwalten, näher zu treten, ist ein Blick auf die Verhältnisse des Opticus und der Retina erforderlich. Als ich gelegentlich meiner Studien über die Entwicklung der Retina (7) nachwies, daß das Pigmentepithel der Chorioidea Epithel des Centralkanals der primären Augenblase sei und zur Retina, nicht zur Chorioidea, gehöre, erklärte sich zwar M. Schultze gegen die entsprechende Bezeichnung, doch ist sie zur Zeit allgemeingiltig. Weniger Gewicht legt man, meines Wissens, darauf, daß der Nervus Opticus, im strengeren Sinne genommen, kein Nerv, sondern eine Hirnkommissur ist, daß auch seine Ausbreitung auf der Innenfläche der Retina einem Längsstrang des Rückenmarks homolog ist. Diese Auffassung ist selbstverständlich und könnte nur dann beanstandet werden, wenn der Opticus, wie behauptet wird, auswüchse, was aber nicht der Fall ist. In der Zeit der primären Augenblase und deren Einstülpung zeigt ein Querschnitt des Opticuskanals die Epithelien des Rückenmarkskanals mit kurzen Radiärfasern, ähnlich wie am Rückenmark in dessen vorderer Kommissur. Weiterhin verlaufen die Dinge nur insofern anders, als das Stratum der Pigmentepithelien der Retina an dem Opticus verschwindet. In dem Opticus liegen viele Zellen, über deren Abstammung ich nichts ermittelt habe, aber auch um ihn liegen Zellen, die noch eine Art Epithel bilden und von denen noch hin und wieder sehr feine Radiärfasern in den Nervenstrang selbst hineingehen, doch sind sie, wenigstens an Längsschnitten, nur bei aufmerksamem Studium sichtbar. Von einem Auswachsen der Nerven habe ich nie etwas gesehen, die Fasern entstehen wie die Kommissurenfasern. Die Ausbreitung des Opticus in der Retina ist dadurch charakterisiert, daß sich die Fasern nicht durchkreuzen, wie sie es in den Längssträngen des Rückenmarks (vrgl. Fig. 57 und 58 B) deutlich tun, sondern daß sie streng parallel verlaufen, das heißt, daß die innersten Fasern bis an die Randteile der Retina verlaufen. Die Nervenfasern sind freilich zufolge der Retinaschnitte in (7) Fig. *18* und *21* außerordentlich fein, aber doch würde eine Durchkreuzung von Nervenbündeln nicht entgehen können, wenn man danach sucht. Die Retina, die als Oberfläche einer Kugel sich proportional dem Quadrat des Durchmessers vergrößern muß, wächst, wie ich sehe und wie bekannt sein wird, durch Teilung nur in den Zellen, die unmittelbar dem Centralkanal anliegen. Um dabei die Kugelgestalt zu wahren, müssen die Teilungen wesentlich im Meridian und parallel dem Äquator erfolgen, soweit die Zellenteilungen nicht zur Ergänzung der Dicke der Retina benutzt werden. Selbst letztere Teilungsart scheint in den gleichen Richtungen erfolgen zu müssen. Schließlich mag das Wachstum auch durch Zunahme des Volumens der anfänglich recht kleinen Elemente erfolgen, aber das hat für den vorliegenden Gegenstand keine Bedeutung. Es mag sein, daß die Kerne durch Pressungen etwas nach links und nach rechts in den Zellen gedreht werden können, aber insofern solche Drehungen zufällige sind, werden sie sich immer wieder ausgleichen. Bei der Ausdehnung der Retina müssen von der Teilungsstelle aus fortwährend Zellen nach innen geschoben werden; daß auch hier, wie im Rückenmark, dabei die Teilung in der z-Achse

verlaufen muß, ist mir wegen der Radiärfasern und wegen des Baues der
äußeren Körnerschicht mit Fortsätzen an die sog. Limitans externa wahrscheinlich, aber immerhin weniger sicher. Verlaufen die Teilungen in der
z-Achse, so werden sie auch noch aus folgendem Grund senkrecht auf-
einander, also wechselnd in der x- und y-Achse des rechtwinkligen Koordi-
natensystems erfolgen. Sei nebenstehende Figur ein zur
Teilung sich vorbereitender, daher kugelig ausgedehnter
Kern, sei Z Durchschnitt der z-Achse und liegen die
beiden Centrosomen infolge der vorangegangenen
Teilung in der x-Achse bei a und b, so werden sie
behufs Teilung zur y-Achse wandern, weil diese durch
gleich große Wanderung beider Centrosomen auf
kürzestem Wege zu erreichen ist und jeder andere
Platz ungleiche Wanderungen erfordern würde.

Fig. I.

Es entsteht nun die Frage, ob sich das Verhalten des Stratum opticum durch Teilung der Nerven
erklären läßt. Kann etwa die einzige Embryonalzelle, aus der schließlich die
ganze Retina werden könnte, durch unvollkommene Teilung mit einer Opticus-
endzelle im Mark verbunden bleiben, und bei der weiteren Entwicklung die
Teilung im Mark, in der Retina und im Nerven Hand in Hand gehen? Die
Beobachtungen stimmen nicht mit dieser Möglichkeit. Die ersten Nervenverbindungen mögen ja zu fein sein und zu verborgen verlaufen, um sichtbar zu sein. Nach vollendeter Einstülpung der Augenblase sind die Zellen
der Retina schon so zahlreich, daß Tausende von Nervenfasern an der
Opticuseinmündung in die Retina vorhanden sein müßten und solche Zahl
der Beobachtung denn doch nicht entgehen könnte; in dieser Periode
sehe ich aber noch nichts von Retinanerven. Daß sich die Nerven der
Kommissuren zunächst nicht durch Teilungen entwickeln, scheint außerdem aus
Folgendem entnommen werden zu müssen. An den Rückenmarksschnitten
Fig. 47, 48 und den Schnitten (9) Fig. 50, *51* aus späterer Embryonalperiode
sieht man noch nichts von Nerven, dagegen stehen in Fig. 56 die Nervenbündel so weit voneinander ab, daß ihre Entstehung durch Längsteilung
ausgeschlossen erscheint.

Können aber wenigstens von einem späteren Entwicklungsabschnitt
aus die Nerven sich durch Teilung vermehren? Daß Vermehrungen der
Nervenfasern, z. B. des schwangeren Uterus, vorkommen, nehme ich als
sicher erwiesen an. Dabei handelt es sich um Vermehrung der Muskeln,
also der Endapparate, eine Vermehrung der Anfangsapparate erscheint nicht
notwendig. Bei einem Sinnesapparat müßte aber, wegen seines hochent-
wickelten Ortssinnes, eine Vermehrung der Anfangsapparate mit derjenigen
der Endapparate und ihrer Nerven Hand in Hand gehen. Die Vermehrung
der Anfangsapparate hängt von den Urganglien ab; das bildet, wenn ich
recht verstehe, der Lehre vom freien Auswachsen trotz ihrer Latitüde ein
Hindernis, wenigstens fordert es eine wundervolle Gleichmäßigkeit der Folge
der Teilungen im Anfangs- und Endapparat. Nach meiner Lehre und nach

dem Augenschein stehen alle Markzellen mit einander in Verbindung, es kann also früher oder später die richtige Lokalisierung je nach Bedarf sich entwickeln. Über den für die Mechanik der Histologie metaphysischen Begriff „Bedarf" wird noch nähere Auskunft gegeben werden.

Es kann also eine den undurchkreuzten Nervenverlauf im Stratum opticum nicht störende **Teilung der Nerven** nach meiner Lehre zugegeben werden. **Vorher müssen indessen schon Nerven gebildet worden sein.** Gerade für die Retina sind die durch das Stratum opticum hindurch ziehenden Radiärfasern längst bekannt. Diese Fasern sind anfänglich sehr fein. Ich habe mich (7) in inkorrekter Weise dahin geäußert, daß Radiärfasern **anfänglich** nicht da seien; es hätte gesagt werden sollen, daß ich sie nicht sehen könne. Ich habe damals überhaupt diesen nachdenklichen Bildungen nicht die genügende Aufmerksamkeit gewidmet. Die ersten Nervenbahnen werden sich in ähnlicher Weise entwickeln wie im Mark, aber wenn es weiter so fortgehen sollte, würden **Durchkreuzungen der Nerven** eintreten müssen. Dies muß eintreten, wenn sich die durch die Teilungen intercalierten **Nervenbahnen** an der Glaskörperseite der Radiärfasern entwickeln müßten. Es müßten sich, wenn noch keine Nerventeilungen stattfinden können, auch nach der Chorioidealseite hin, Nerven neu bilden, wenn Durchkreuzungen vermieden werden sollen. In meiner kleinen Zeichnung (7) Fig. *9* findet sich sehr deutlich ein Balkensystem an der **Chorioidealseite** des Opticus eingetragen, gerade wie es hier gefordert wird, indessen scheint mir die Abbildung ein zu kleines Bruchstück der Netzhaut zu umfassen, um reproduziert zu werden. Das Stratum opticum vermehrt sich also sowohl **nach innen wie nach außen** von den fertigen Nervenfibrillen.

Der Bau des Rückenmarks findet durch die gewonnene Einsicht in manchen Einzelheiten seine Erklärung. Da das Mark mehr in die Länge als in die Dicke wächst, müssen die **Folgezustände der regelmäßig wechselnden Zellteilungsebenen etwas andere** sein, als sie es in der Netzhaut sind. Liegt die Teilungsebene **parallel** dem Querschnitt, so werden **beide Tochterzellen am Centralkanal verbleiben können;** liegt sie in dem **Längsschnitt,** so wird häufig von den Tochterzellen **die eine in die graue Substanz hinein wandern müssen.** An der vorderen Kommissur **entwickelt sich keine graue Substanz,** es hindert hier die dicht dem Mark anliegende **Chorda dorsalis** jene durch die Teilung geforderte Verdickung des Rückenmarks. Dennoch **müssen Längsdurchteilungen** zu einer **Hinausschiebung von Tochterzellen** führen, da die Kommissurenbucht des Centralkanals während einer längeren Entwickelungsperiode kaum **breiter** wird. Diese Zellen werden also den Vorderhörnern zugeschoben; diesem Verhalten möchte ich es zuschreiben, daß die graue Substanz der Vorderhörner so stark wächst; daneben bleiben die Hinterhörner wegen eines später zu besprechenden Zellenverlustes im Wachstum stark zurück. Indem diese **seitwärts geschobenen Zellen mit den zugehörigen Radiärfasern in Verbindung bleiben, entsteht die vordere graue Kommissur.** Bei dem weiteren Verlauf der Teilungen verlängern sich die Radiärfasern, die

Zurück zum Rückenmark.

Vorderhörner und vordere Kommissuren.

Kommissurennerven werden weiter nach vorn entwickelt, gehen bis in die vordere Spitze der Vorderhörner, schließlich, eine Verbindung nach oben und unten gewinnend, in die Faserung des Vorderstrangs hinein. Letztere Verbindung, die Kommissurenkreuzung also, scheint in Fig. 56 soeben eingeleitet. Die Kreuzung geht bekanntlich bis zum Chiasma, also gerade so weit, wie die Chorda sich erstreckt. Daß in der Kommissur keine longitudinal verlaufenden Fasern vorkommen, erkläre ich mir daraus, daß die dort liegenden Zellen schließlich zum Epithel des Centralkanals werden, daher hier, wie auch an den übrigen betreffenden Stellen des Marks kein „Bedarf." Bedarf dafür besteht. Hier ist das Wort „Bedarf" zu rechtfertigen. Dagegen, daß unter allseitigen Verbindungen die direktesten Verbindungszüge, falls eine Verbindung gebraucht wird, sich entwickeln, ist wohl nichts einzuwenden. Es hat aber Bedenken, in dieser frühen Embryonalzeit schon von Gebrauch zu reden. Tatsächlich bilden sich die Nerven aus, ehe sie im gewöhnlichen Sinne gebraucht werden, so jedenfalls im Auge. Nun existieren interessante Beobachtungen darüber, daß Koordinationsbahnen schon entwickelt sind, ehe die zugehörigen Bewegungen gut ausgeführt werden können. So berichtet u. A. Babak (17), daß ältere Froschlarven bei Berührung ihres Scheitels Abwehr- oder Reibebewegungen mit ihren Vorderbeinen zu machen suchen, auch wenn diese kaum entwickelt und noch zu kurz sind, um den berührten Punkt erreichen zu können. Es müssen also die bezüglichen Nervenbahnen schon entwickelt sein, ehe ihr Gebrauch möglich ist. Ich denke daran, daß schon ein gewisser Tonus genügen könnte, um Bahnen zu entwickeln, Tonus sowohl der Gefühls- wie der motorischen Nerven, und nenne das „Bedarf". Das kann richtig oder falsch sein, ich mache daher möglichst wenig von dem Wort „Bedarf" Gebrauch. Irgend eine Erklärung für die Ausbildung der Nerven müßte doch wohl gefunden werden. Wird meine Ansicht widerlegt, so möge das nicht zu einem Vakuum, sondern zu einer besseren Erklärung führen. Übrigens pulsiert das Herz in der Zeit, von der ich handle, schon sehr kräftig; dabei dürften doch wohl Nerven beteiligt sein.

Stränge. Die Kommissurenfasern breiten sich nicht rings um das Mark herum aus, weil in der grauen Substanz schon viele Cirkulärfasern verlaufen, und diese den kürzeren Weg bilden. In dieser Substanz verlaufende Längsfasern dagegen würden einen näheren Weg kaum bilden, fehlen vielleicht auch wegen der oben besprochenen Verhältnisse an der vorderen Kommissur. Der Bau der Seitenstränge ist anfänglich sehr verwickelt und zeigt, wie Fig. 57 und 58 B darlegen, vielfache Durchkreuzungen. Diese müssen, wie bei der Retina ausgeführt, eintreten, wenn die neuen Fasern sich immer nur an der Peripherie des Marks bilden.

Graue Substanz. Im Mark zeigen die Zellen ungemein zahlreiche Ausläufer, die teils radiär, teils cirkulär und endlich in Richtung der einstrahlenden Nervenwurzeln verlaufen. Die Fig. 78 gibt davon einiges, doch zeigt jeder über einen Querschnitt hingehende Pinselstrich immer neue Fasermassen, was natürlich eine einzelne Zeichnung nicht gehörig zum Ausdruck bringen kann. Die von den einzelnen Zellen, deren Substanz wie aufgelöst in die lang hinziehenden Fasern erscheint, ausgehenden Ausläufer sehen ebenso aus, wie die ausstrahlenden Fasern der Nervenwurzeln, müssen daher als nervös gelten. Ich habe mich gewundert, daß W. His (16) solche Ausläufer nicht zeichnet, ich finde aber, daß auch meine Längsschnitte Fig. 58 A und B davon sehr wenig geben, trotzdem ich persönlich zu allerdings früherer Periode meiner bezüglichen Arbeiten die Zeichnung machte. Die Ausfaserung findet eben vorwiegend der Quere nach statt, entsprechend dem erläuterten Teilungsmodus. Da alle Zellen der **Retina** mit Ausnahme der Radiärfasern als nervös anerkannt werden, **müssen** doch auch die kleinen Zellen des Marks für nervös gelten. Alle Zellen stehen von Beginn an mit einander in Verbindung, aber es ist nicht möglich, den optischen Beweis dafür zu führen, daß sie durch die definitiven Nerven, also etwa durch die Kommissurenfasern mit einander in Verbindung bleiben. Sie mögen sich später trennen, was ja auch physiologisch für die motorischen Zellen wahrscheinlich ist, weil von den Wurzeln keine Rückwirkung auf die centralen Substanzen erzielt werden konnte. Daß übrigens die Golgi-Präparate zuweilen eine Probe nicht bestehen, wird im nächsten Abschnitt nachgewiesen werden.

Eine besondere Schwierigkeit für meine Lehre bot die hintere graue Kommissur, weil hier ursprünglich die beiden Hälften des Marks von einander getrennt sind. Ich, und Balfour nach mir, haben angenommen, daß die Zellen von der einen Seite in die andere hinüber wandern, aber einen Nachweis der Notwendigkeit dieses Verhaltens haben wir nicht gegeben. Ich hole dies jetzt nach. Das Rückenmark (und die Medulla oblongata) wird während einer längeren Periode hinten sehr dünn Fig. 55, in Folge der Ausstülpung der Spinalganglien. Es reißt hier sehr leicht, aber fast nie in der Mittellinie, was ein Beweis dafür ist, daß hier eine ausgedehntere Verwachsung der Narbe stattgefunden hat. Diese Verwachsung erfolgt notwendig durch die Teilung und Verschiebung der Zellen.

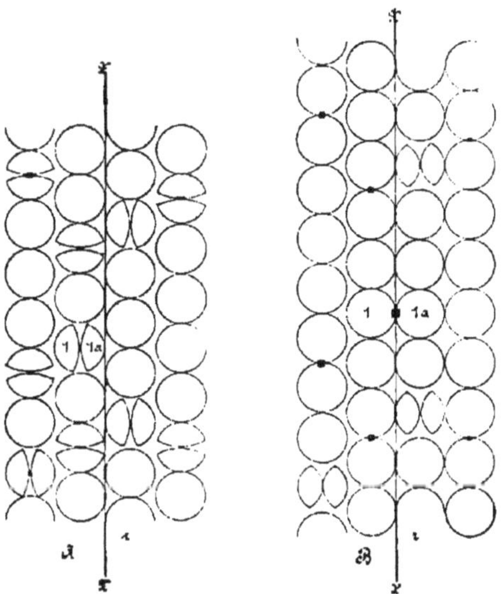

Fig. II.

Im Verlauf der Teilungen wird häufiger einmal ein Zustand eintreten wie ihn das Schema Fig. II A darstellt. Bedeute x x die

Mittellinie, bedeuten die Kreise die noch regelmäßig angeordneten Zellendurchschnitte und seien einige der Zellen in Teilung begriffen. Die Längsreihe links enthalte Längs- und Querteilungen, letzterer mit 1 und 1a bezeichnet. Wenn sich die begonnenen Teilungen vollenden, treten Spannungen ein, die Reihe r wird relativ kürzer, die benachbarten Reihen strecken sich; dies hat zur Folge, daß die Tochterzelle 1 a nach rechts hinüber geht, die Trennungslinie x demnach überbrückt wird. Durch Wiederholung solcher Prozesse und durch die später eintretende Wanderung der Zellen der hinteren Kommissur nach den Hinterhörnern zu, Fig. 56, wird die Bildung der grauen hinteren Kommissur genügend verständlich und notwendig.

Die Nerven der hinteren Rückenmarks- und Medullawurzeln.

Stellungnahme zu den Nervenendigungen.

Diesen Nervenendigungen gegenüber nehme ich folgende Stellung ein. Ich habe gefunden, daß die Nerven ganz und gar in die Ektodermzelle, die zu den Gehörhaaren der Krebse (18) und ebenso in die zu den Gehörstiften der Heuschrecken gehörige Ektodermzelle (19) eingehen. Gleiches Verhalten gilt, wie bekannt und auch durch die neuesten Studien von Retzius (14, X) erwiesen wird, für die Zellen des Riechorgans. Ich habe die zwei Nerven, die in das Auge von Pecten eintreten, jeden in eine besondere Art von Zellen aufgehen sehen. Von diesen Zellen geht von jeder ein doch wohl als empfindend anzusehender Fortsatz in die Lage der Stäbchen hinein (20). Bei den Cephalopoden gehen in die Lage der Stäbchen dreierlei Fortsätze, einer aus den Pigmentzellen, einer aus den nicht pigmentierten Retinazellen und einer direkt aus dem Opticus hinein. Letzteren Fortsatz kann man entweder von den im Opticus liegenden Zellen oder von den massenhaften Zellen des Ganglium opticum herleiten; ich habe darüber keine volle Klarheit gewonnen, es ist aber höchst unwahrscheinlich daß hier ein freies Nervenende im gebräuchlichen Sinn des Wortes vorliege. Da die Retina der Säuger ein pseudogeschichtetes Epithel ist, vermute ich, daß sich auch in ihr, falls sich darauf die Aufmerksamkeit unter entsprechender Methodik richten sollte, ähnliche Verhältnisse werden entdecken lassen, aber ich weiß das nicht. Mögen die Endigungsweisen in der Stäbchenschicht noch streitig sein, soviel ist sicher, daß niemand so hohe Ansprüche an die Nervenendigungen gestellt hat als ich, und daß ich trotzdem sehr wohl ohne freies Nervenende auskomme. Ich habe ferner gefunden, daß die Nerven im Schwanz der Froschlarven in den Epithelien enden (2) Fig. 14 und halte diesen Befund, der allerdings die Untersuchung von frisch gefangenen, mit dotterfreiem einschichtigem Epithel versehenen Larven erfordert, für nicht widerlegt. Ich halte im Gegenteil die Wahrscheinlichkeit für steigend, daß solches Verhalten als allgemeingiltig anerkannt werden wird. Innerhalb eines einschichtigen Epithels, dessen Zellen aber unverändert das ganze Extrauterinleben hindurch verharren, kommt allerdings ein längerer Verlauf vor, nämlich in der Schnecke. Hier handelt es sich um eine frühzeitige und sehr ausgiebige Vermehrung der Epithelzellen, die unter Längenwachstum und Vergrößerung des Krümmungsradius der Schnecke stattfindet. Außerdem findet eine Zusammenschnürung der Nerven in den Löchern der Habenula perforata statt. Dabei handelt es sich also um Spezialverhältnisse, die in dieser Weise in der Epidermis nicht stattfinden, übrigens auch nicht auf ein freies Nervenende hinweisen. Ich kann daher auf Grund der rein praktischen Erfahrung nicht an ein freies Nervenende glauben. Auf die eigentümlichen Verhältnisse der Zahnbeinnerven komme ich später zurück.

Bindesubstanz.

Daß Nervenendigungen an Teilen, die zur Bindesubstanz ressortieren, d. h. entwicklungsgeschichtlich diesem Lager angehörig, beweiskräftig nachgewiesen seien, kann ich nicht finden. Theoretisch wäre zu sagen, daß sich darin ein Nervenende insofern finden könne, als das Mesoderm bei Säugern sicher vom Ektoderm abgespalten wird, dabei also auch Nervenverbindungen möglich wären. Die entsprechende Zeit liegt aber so früh, daß eigentliche Nervenbahnen im Ektoderm noch nicht nachzuweisen sind, sondern nur Zellverbindungen, die für die Nervenentwicklung zu dienen vermögen. Daher halte ich mich für verbunden, die in der Bindesubstanz befindlichen Nervenenden besonders abzuleiten.

Stellungnahme zur Blätterlehre.

Stellungnahme zur Blätterlehre.

Es erscheint richtig, meine Stellungnahme etwas weiter zu begründen. Im Embryo entstehen frühzeitig Unterschiede der Gewebe, die sich fortschreitend stärker accentuieren und sich das ganze Leben hindurch erhalten. Der Vorgang ist als der Weg zu einer histologisch-chemischen Differenzierung aufzufassen und führt auf Grund der historischen Entwicklung unserer embryologischen Kenntnisse den Namen: Keimblätterbildung. Ist es gerechtfertigt, diesen Vorgang und dies Stadium so hoch einzuschätzen, daß man die Entwicklungsgeschichte als aus der Blätterlehre sich aufbauend bezeichnen kann?

Nachdem in dem Furchungsstadium durch rascheste Zellteilungen die Entstehung vieler kleiner Zellen bewirkt worden ist, wird bei den höchsten Metazoen nur ein kleiner, fast ebener Teil dieser Zellenmassen zur Bildung der Keimblätter und damit des Embryonalkörpers verwendet. Bei niederen Metazoen gehen alle Furchungszellen in die Bildung des Embryo ein. Auf noch niederer Stufe genügt selbst dafür die Zellenmenge nicht mehr, es muß eine Larvenstufe zu ihrer Ausbildung, sei es nach Zahl, sei es nach histologisch-chemischer Vollkommenheit, zu Hilfe genommen werden. Trotzdem bildet sich dabei immer, wenn auch auf gründlichst verschiedenen Wegen, eine Schichtung zu einer Anzahl von Lagen aus. In keinem dieser Fälle ist der Name „Blatt" durch Vergleich mit einem Pflanzen- oder Buchblatt streng gerechtfertigt. Er ist aber gerechtfertigt, weil er historisch abzuleiten ist und, wenn einfach als der üblich gewordene Ausdruck für Schichtung erklärt, eine ganz allgemein gültige Verbindungsbrücke gewisser, allen Metazoen eigenen Stadien ist. Dies vorausgeschickt, rechtfertigt sich

eine kurze Untersuchung darüber, ob man dies Stadium als einen Angel-
punkt der Entwicklungsgeschichte betrachten darf. Dabei geben natürlich
die höchst entwickelten Tiere die detaillierteste Auskunft.

Das Ektoderm, einerlei ob es früher oder später sich von der
Außenfläche des Eies abtrennt, scheidet sich in einen mittleren dickeren
Teil und in laterale Lagen mit niederen Zellen; beide Teile stehen lange
Zeit hindurch in unmittelbarem Zusammenhang. Der mittlere Teil scheidet
das Muskelgewebe ab, behufs Bildung der Körpersubstanz. Darauf entwickelt
er an seiner Körperseite durch unter einander anastomosierende Zellen die
nervösen Substanzen und gewinnt so seinen eigentümlichen histologischen
Charakter. Das weiter seitlich liegende Ektoderm hat mindestens bei dem
Kaninchen und Meerschweinchen das übrige Mesoderm abgeschieden, bleibt
aber noch mit den Medullarplatten im direkten Zusammenhang. Es wird
u. a. von O. Hertwig gesagt, daß diese sekundären Bildungen, also das
ganze Mesoderm von der Wand des Canalis neurentericus herstamme. Ich
finde das bei dem Kaninchen nicht bestätigt, aber die Sache ist für meine
Stellungnahme gleichgültig, weshalb ich darüber nicht streite. Nur bemerke
ich, daß die genannten Bildungen recht plötzlich und massenhaft auftreten
und daher nicht von ganz wenigen Zellen abgeleitet werden können. Das
Ektoderm scheidet fortan mit geringen Ausnahmen keine weiteren Zellen
nach innen ab, bildet aber Drüsenschläuche, die fast immer mit ihm in
Kontinuität bleiben. Es vermehrt seine Lagen nach der Körperoberfläche
hin, namentlich stark bei gewissen Anhangsbildungen (Horn und Haaren).
Es überwuchert entblößte Flächen und bildet dadurch eine Schutzsubstanz
gegen die Außenwelt. Es hat die Fähigkeit zu verhornen (eventl. Chitin
abzuscheiden) bildet dagegen nicht Interzellularsubstanz und Ausläufer. Nach
innen scheidet es die Limitans aus.

Das Gewebe der mesodermalen Seitenplatten hat die allgemeine
Eigenschaft, sich gegen die Außenwelt nicht schützen zu können, höchstens
kann es sich zeitweilig mit eintrocknendem Transsudat überziehen. Ferner
entwickelt es in ausgezeichneter Weise röhrenförmige Ausläufer, wodurch es
zur Bildung häutiger Gewebsmassen befähigt wird. In die entstehenden
Zwischenräume scheidet es albuminoide Substanzen verschiedener Nüancen
aus. Es bildet aber keine Hornsubstanz und wohl auch keine Drüsen. Bald
bilden sich in ihm besondere Kerne von Gewebsarten: perichondrales
und periosteales Gewebe, subcutanes und submucoses Gewebe, Cutisgewebe,
Knorpel und Knochen, kontraktile Substanz; Gewebekerne, die sich weithin
im Körper ausbreiten.[1])

Das Entoderm liegt entweder von Anfang an gegen die Außenwelt

---

[1]) Es wird jetzt gefunden, daß die Epithelien der Coelomhöhlen von den Seiten-
platten des Mesoderms gebildet werden. Dann hätte die Bindesubstanz die Fähigkeit
Epithelien, die freilich gegen die Luft nicht widerstandsfähig sind, zu bilden. Solche
Epithelien finden sich auch in allen Gelenken, sowie in der vorderen Augenkammer. Zur
Zeit scheint es noch möglich, daß die genannten Epithelien auf Endothel der Lymphgefäße
zurückzuführen sind.

etwas geschützt, oder es schafft sich bei den niederen Wirbeltieren bald durch Separierungen irgend welcher Art diesen Schutz. Es ist längere Zeit hindurch mit dem Ektoderm in Verbindung und hat manche der diesem zukommenden Eigenschaften. Es kann, wenn auch etwas unvollkommener, gegen die Außenwelt Schutz gewähren und überzieht sich unter Umständen mit Chitin, sonst mit einer Art Cuticula, wenn es nicht, wie es auch das Ektoderm vermag, flimmert. Wo es nicht ein pseudogeschichtetes Epithel bildet, ist es noch mehr als das Ektoderm bestrebt Drüsen zu bilden. Es ist überhaupt zu Ausscheidungen sekretorischer Art, die nur selten erhärten, geneigt. Da es sich weit weniger als das Ektoderm nach außen abschließt, ist es recht aufnahmefähig. Es scheidet eine dünne Limitans ab.

Von dem Canalis neurentericus beginnend entwickelt es die Chorda in der Mittellinie. Es scheint mir etwas gewaltsam, wenn man ihm bei den Säugern die Chordabildung nehmen will, doch ist das hier gleichgültig. Nur das dürfte allgemein zugestanden werden, daß die Chorda sofort von einer homogenen Hülle (Limitans) umkleidet wird. In den Seitenteilen stößt das Entoderm die Endothelien ab, die anfänglich einen als besondere Lage isolierbaren histologischen Kern abgeben. Ich bin geneigt, ihnen einen Hauptanteil an der Bildung der lymphoiden Drüsen zuzuschreiben.

Diese Aufstellung ist rein empirisch und wird wohl im allgemeinen Billigung finden. Die Verhältnisse werden einerseits durch die phyletische Vererbungsgesetzgebung erklärt. Ist man damit nicht zufrieden, so liegt eben noch die altembryologische Blätterlehre vor. Diese fordert, streng genommen, daß bei den genannten Neubildungen eine ungleiche Zellteilung stattfinde. Davon ist wenig zu sehen. Bei der Bildung des Marks nehmen allerdings die Tochterzellen neue Gestalten an, aber die bezüglichen Verschiedenheiten sind mehr auf Raummangel als auf ursprünglich ungleiche Teilung zurück zu führen. Bei der Bildung der Urwirbel bleibt zunächst eine Tendenz zu epithelialer Anordnung bestehen. Für junge, gut ernährte Zellen scheint eine Vermehrung tatsächlich notwendig zu sein, wenn auch diese Notwendigkeit sich nicht weiter ableiten läßt. Sie führt zur Bildung der Urwirbelhöhle und des Urwirbelkerns, indem die Zellen freier geworden sind, aber auch ungünstiger ernährt werden dürften; sie modifizieren sich daher weiter. Die Zellen der Mesodermplatten zeigen zwar von Anfang an eine etwas unregelmäßige, mit Ausläufern versehene Form, es ist dies aber mehr auf ihre rasche Hinausschiebung als auf inäquale Teilung zu beziehen. Ihnen steht ein ausgiebiger Raum zur Verfügung, den sie bald zur Bildung von Ausläufern benutzen. Diese Ausläufer entwickeln sich namentlich stark nach den Grenzlagen hin, wobei die Zellkörper selbst kaum wachsen. Recht charakteristische Bilder dafür gibt Altmanns (12) Figur, namentlich aber meine (2) die verschiedenen Stadien zeigenden Figuren von den Bindesubstanzzellen im Schwanz der Froschlarve. Kommen die Zellen mehr ins Gedränge, z. B. an der Chorda, so entwickeln sie sich in anderer Weise.

Die Blätterlehre, so zutreffend sie für die höheren Wirbeltiere ist, reicht also zur formulierenden Umfassung dieser Vorgänge nicht aus. Sie weist auf einen gewissen Grad spezifischer Ausbildung der Zellen seit der Furchung hin, die sich fortschreitend entwickelt, und zeigt zugleich auf eine gewisse Anordnung dieser Zellen zu Lagen hin; aber weiter geht sie eigentlich nicht. Es tritt aber viel mehr bei der Entwicklung in die Erscheinung. Auf eine spezifische, also histologische Ausbildung wirken Raum, Ernährung, Mischung mit anderen Zellen, Druck, Lagerung und chemische Beeinflußung durch diese, endlich die Generationszahl, d. h. die mit dem Alter und der Teilungssumme verbundene Verminderung jener formativen und generativen Fähigkeit, die die Furchungszellen so sehr auszeichnet. Die Generationszahl scheint ihren Einfluß bei den Geschlechtsprodukten deutlich zu zeigen. Zur Ruhe gekommene Zellen können zwar zu erneuten Teilungen erweckt werden, aber die Produkte, Herzhypertrophie, Narbenbildung, scheinen eine niedere Stufe einzunehmen; meistens gehen die Zellen unter, z. B. Eier im Eierstock, ohne andere Formen anzunehmen. Die Formbildungen geschehen durch Wucherungen, Blasenbildungen, Biegungen und Faltungen, die durch die Härte des Gewebes beeinflußt werden. Dann wird manifest die phyletische Besonderheit, z. B. durch Entwicklungsweise des Gehirns, der Anhänge des Körpers und Horngebilde. Zuletzt tritt die ontogenetische Vererbung in die Erscheinung. Die Bedeutung aller dieser, stets wirkenden, aber successive in die Erscheinung tretenden Faktoren schätze ich entsprechend der gegebenen Reihenfolge. Ich fasse also die Embryologie auf als die Lehre von der Lagerung und Umbildung der Zellen behufs Herstellung der elterlichen Gestalt. Die Keimblätter sind also dadurch ein recht bedeutsames Stadium der Entwicklung, daß sie sowohl den Beginn charakteristischer Eigenart der Furchungszellen, als auch den Anfang der Körpersubstanz des Embryo bezeichnen. Außerdem hängt der Charakter der Zellen und der ungemischten Gewebe des ausgebildeten Körpers von dem Keimblatt und dem Keimblattteil ab, aus dem die bezügliche Zellenart entstanden ist. Demnach ist die Keimblattlehre in der Tat ein ungezwungener Ausdruck für allgemein auftretende und grundlegende Formierungen, für Zustände, die, ich möchte sagen, eine Urbedeutung haben.

Bezüglich der jetzt fast allgemein angenommenen und gefundenen Nervenenden innerhalb der ganzen Epidermisdicke ist Folgendes zu erwägen. V. v. Ebner (21 S. 791) schreibt: Die freien Enden der Epithelnerven, die nach den ersten Angaben von (Julius) Cohnheim in der die Cornea benetzenden Feuchtigkeit „flottieren" sollten, haben die späteren Untersucher nicht bestätigt und gilt heute wohl als ausgemacht, daß alle Nerven in dem Epithel liegen". Ich finde, daß mit dem „nicht bestätigt" in diesem, wie auch in anderen Fällen etwas Mißbrauch getrieben wird. Cohnheim hat Vielen und so auch mir die flottierenden vergoldeten Keulen gezeigt. Sie waren da und unendlich viele Nichtbestätigungen, selbst wenn wirklich die Bildungen nicht wieder gesehen sein sollten, bringen sie nicht aus der Welt. Daß diese Bildungen nicht Nervenendigungen seien, war mir und ist jetzt Allen unzweifelhaft und dieses allein ist jetzt „ausgemacht". Eben deshalb ist jetzt ausgemacht, daß es in der Epidermis Substanzen gibt, die die genannte Nervenreaktion geben, ohne Nerven zu sein. Es ist daher die Frage berechtigt, weshalb solche vergoldeten Dinge, wenn sie, anstatt vor der Epidermis zu liegen, nur innerhalb derselben verlaufen, Nerven seien? Zur Beantwortung dieser Frage werden also noch andere Verhältnisse in Erwägung zu ziehen sein.

In Fig. III ist unter R die Nervenverzweigung in der Epidermis wie sie Retzius (14) Bd. IV Taf. 15 Fig. *I* gibt, kopiert. Derartige Figuren mit rekurrenten Nerven gibt Retzius und geben auch andere Autoren und die Lehrbücher vielfach, sodaß obige Figur als Typus des Verhaltens genommen werden kann. Die Epidermis wächst nicht unbedeutend. Das bezeugt die Vernix caseosa der Neugeborenen, das rasche Weichwerden harter Hände und Schwielen bei entsprechender Schonung, die Häutung nach Scharlach, die rasche Ergänzung oberflächlich abgeschnittener Epidermis u. a. m. Nach Vierordt (22) wächst ein Nagel in 24 Stunden um etwa 0,09 mm. Lassen wir die Hautdicke in gleicher Zeit nur um 1/10 oder 1/20 dieser Größe wachsen, so muß in der gleichen oder der doppelten Zeit jede Zelle des sog. Stratum

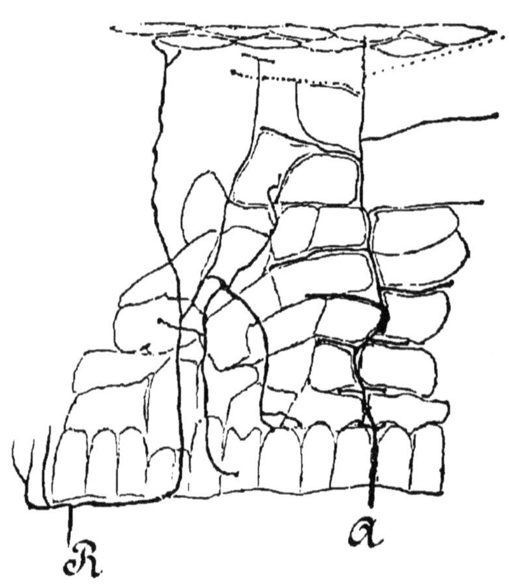

Fig. III.

germinativum, die etwa 0,01 mm hoch sein dürfte, sich einmal geteilt haben. Das bedingt, daß entweder täglich Millionen von Hautnerven abreißen müssen, oder daß die Nerven ebenso rasch wachsen wie die Epidermis, denn wenn die Epidermiszellen an den Nerven vorbei wüchsen, müßten pinselförmige Ausstrahlungen der Nerven entstehen, was nicht beobachtet wird. Die Möglichkeiten für die Rechtfertigung der üblichen Deutung sind folgende: 1) das Abreißen wird so langsam erfolgen können, daß der Vorgang insensibel wird, aber jedenfalls müßte dann Reiben oder Falten der Haut zur plötzlichen Zerreißung sehr vieler Nerven, also zu Schmerz oder besonderen Empfindungen führen, was nicht zutrifft. Da die Epidermis, um sich vollständig zu erneuen, wochenlang wachsen muß, sollten ganze Folgen zerrissener Nervenstämme übereinander liegen, denn die Golgi-Methode färbt immer nur tote oder totfaule Nervensubstanz. Das zeigt sich hier aber nirgends. Um das Bild unter der sub I gemachten Voraussetzung zu erklären, müßte die färbbare Substanz bei dem Zerreißen der Nerven ausströmen und diese Substanz mit überraschender, für verschieden dicke Epidermis verschieden großer Geschwindigkeit in neue Bahnen einströmen. Die Wahrscheinlichkeit, daß es sich hier nicht um das Cohnheimsche Exsudat, das ja von Nerven aus dem Bindegewebe heraufsteigen kann, sondern um Nervenfibrillen mit enorm raschem Spitzenwachstum und Vergänglichkeit handle, ist zu gering, um ernsthaft erwogen zu werden.[1]

Der Fall 2 erfordert, daß der durch Intussusception wachsende Nerv weder langsamer noch rascher als die Epidermis wachse, denn in ersterem Fall müßten die Stämme, in letzterem die Zweige reißen. Wächst er also wie die Epidermis, dann müßte ein Baum, wie ihn die Fig. III bei A darstellt, entstehen, auch müßte doch die Durchbohrung der Limitans sich recht regelmäßig gestalten. Beide Konsequenzen zeigen sich in keiner Darstellung erfüllt; diese Möglichkeit ist damit erledigt. Es kommt im allgemeinen hinzu, daß man die oberen Schichten der Epidermis abschneiden, abreißen und mit Nadeln durchbohren und zerreißen kann, ohne etwas anderes, als eine Berührungsempfindung zu erhalten. Wenn man sich der Findigkeit seiner Färbungsstoffe anvertraut, ist dagegen nicht allzuviel einzuwenden, aber bei dem schließlichen Aufbau unserer Resultate zur Veröffentlichung sollten wir doch wohl nicht so einseitig vorgehen, daß, ich sage nicht, eine kritische Nachuntersuchung, das wäre zu viel verlangt, ich sage, daß nicht die Prüfung eines Augenblicks das Gebäude verweht. Sogar der metaphysische Begriff der Neurocytophilie gibt für die besprochenen Arten des Nervenverlaufs keine Erklärung. Da in diesem einen Fall die Golgimethode bei geschickter und erfahrener Behandlung zu so unmöglichen Resultaten führt, sind Zweifel, ob nicht auch andere ihrer Resultate einen Rückfall in Falsches bedeuten, berechtigt.

Funktion der hinteren Wurzeln.

Während sich in dem noch scheibenförmigen Embyro die Urwirbelplatten von der Medullarplatte abtrennen, bleibt ein lateral liegender Anteil der Medulla noch in Kontinuität mit dem das Mesoderm überkleidenden Ektoderm, von dem er sich erst viel später trennt. Dies Verhalten erklärt als Notwendigkeit die physiologische Erfahrung, daß die vorderen Wurzeln zu den Muskeln gehen, die hinteren sensibel sind, sofern überhaupt der Entstehung der Urwirbel und der Lagerung sowie der Kontinuität der Teile in früher Embryonalzeit Bedeutung zukommt. Es wird aber überdies hinaus erforderlich, daß die zu Ektodermdrüsen gehenden Nerven ihren Verlauf gleichfalls durch die hinteren Wurzeln nehmen. Für den Glossopharyngeus, der und dessen Kern sekretorische Nerven führen

---

[1] Man könnte einwenden wollen, daß die Wollhaare und die Haare der Augenbrauen im Wachstum fast stillstehen, aber es fallen diese Haare von Zeit zu Zeit aus, wie sich beim Zupfen an Cilien oder Augenbrauen ergibt. In höherem Alter scheint der Haarwechsel aufzuhören, die Haare werden länger. Folge der Generationszahl?

und auch wohl für den Tränendrüsennerv des Trigeminus, trifft dies zu, ob aber für andere sensible Wurzeln ist mir nicht bekannt. Daran knüpft sich notwendig der weitere Schluß, daß, da ja für den Fall der Speicheldrüsen der physiologische und histologische Beweis geführt ist, daß alle bezüglichen Epithelzellen von Nerven versorgt werden, so auch die Zellen der Schweiß- und der anderen Ektodermdrüsen jede ihren Nerven erhalten. Das stimmt mit meinem Befund des Nervenendes an allen Epithelien des Froschlarvenschwanzes gut zusammen! Wenn aber die Drüsenzellen sowohl sekretorische wie auch trophische Nerven haben sollten, also auch noch sympathische Nerven, so sehe ich noch nicht, wie auf dem von mir eingeschlagenen Wege eine Erklärung gewonnen werden kann. Es ist aber nicht erwiesen, daß auch sympathische Nerven in die Zellen hineingehen; es erscheint möglich, daß trophische Wirkungen durch Einwirkung auf Lymph- und Blutbahnen entstehen können.

Die Spinalganglien.

Eigentümlich verlaufen die Dinge bei Entstehung der Spinalganglien. Während sich bei den von mir untersuchten Säugern und nach Bedot (23) bei den Tritonen diese Ganglien aus dem Rückenmark ausstülpen, bilden sie sich nach His bei den Vögeln unzweifelhaft aus dem dem Mark unmittelbar anliegenden Ektoderm, das bei letzteren Tieren doppelschichtig ist. In letzterem Fall ist der Zusammenhang dieser Ganglien mit dem Ektoderm klar genug, in ersterem der Zusammenhang mit dem Rückenmark. Daß sich dieser Zusammenhang zeitweilig löse und dann gleich wieder herstelle, darf als ungemein unwahrscheinlich bezeichnet werden, von Minute zu Minute kann man diese Vorgänge noch nicht verfolgen. Bezüglich der Vögel hege ich die Vermutung, daß der Zusammenhang mit dem Mark wegen der dichten Anlagerung an dieses schwer zu sehen sein mag, darum aber doch sehr wohl vorhanden sein kann. Bei Säugern kommen die auswandernden Zellen aus der Schicht der Urganglien, Fig. 54; daher wohl bewahren diese Ganglienzellen das Teilungsvermögen. Nach vollendeter Auswanderung muß das Rückenmark hinten bei sonst gleichbleibendem Fortschritt der Zellteilungen sehr dünn werden, wie dies ja auch die Fig. 55 zeigt. Die hinteren Wurzeln münden später, wie Fig. 56 zeigt, in die Zellen des Centralkanals ein. Der Zusammenhang zwischen letzteren und den Zellen des Centralkanals muß sich also zu vollen Nervenbahnen entwickelt haben. His gibt Abbildungen, die ohne Zweifel ebenso naturtreu sein werden, wie die meinen, nach denen die hinteren Wurzeln in die Hinterstränge ausmünden. Das mag auf Verschiedenheiten der Höhe und der Richtung des Schnittes beruhen.

Nerven am Ektoderm.

In Fig. 48, sowie in einigen anderen, hier nicht wiederholten Zeichnungen sieht man Verbindungen zwischen den Zellen der Medulla und Epidermiszellen, soweit sie in der Nähe des Rückenmarks liegen. Am deutlichsten fand ich diese Verbindung zwischen Medulla und der sich einstülpenden Labyrinthblase an passenden Schnitten; das Ganglion acusticum scheint sich von der Labyrinthblase abzuschnüren. Leider liegen keine guten Zeichnungen des Verhaltens vor. Es wäre nun die Aufgabe zu zeigen, daß weiterhin die Ektodermzellen untereinander in Verbindung bleiben, sei es durch Bildung einer schmalen Spongiosa, sei es durch Fäden. Bei den Entodermzellen sieht man an der Peripherie des auswachsenden Blattes diese Verbindungen mit vollkommener Deutlichkeit (9) Fig. *11 B.,* weil die einzelnen Zellen ziemlich isoliert stehen. Im Ektoderm liegen aber die Zellen eng aneinander. Sie hängen sehr zähe zusammen, so daß man die ganze äußere Lage der Keimscheibe abziehen kann (9) Fig. *16 A.,* Verbindungsfäden habe ich dabei nicht beobachtet und habe leider auch in anderen Fällen auf das Verhalten der Zellbasen nicht genau geachtet. Später habe ich bei Schnitten von jungen Embryonalstadien des Meerschweinchens sehr deutlich Fäden, die ich für Nerven hielt, an der Basis der Ektodermzellen gesehen, habe aber, weil mit anderen Aufgaben beschäftigt, die Sache nicht weiter verfolgt. Es spricht auch für solches Verhalten der Umstand, daß nach Dohrn (1) der Seitennerv der Fische im Ektoderm den Seiten des Rumpfes entlang entwickelt wird. Wenn also die Dinge so liegen, so ist der Weg für die sensiblen Nerven vorgebahnt. Im Querschnitt des jungen Embryo ist die Anzahl der seitlich liegenden Zellen nicht groß, es mögen deren 30 bis 40 sein. Die Ausbildung der Nerven wird voraussichtlich immer die kürzeste Bahn innehalten. Wie meine Fig. *9* in (2) zeigt, kreuzen sich später die feineren Nerven in der Schwanzflosse der Froschlarve in merklicher Weise, das dürfte sich aber durch nachträgliche Durchschiebungen in Folge der Teilungen der Epithelzellen genügend erklären; die Nervenstämme selbst verlaufen mit einander parallel. Die durch die Zellteilungen wohl unvermeidlich eintretenden Durchkreuzungen und Verirrungen der feinen Endstämme werden sich in dieser frühern Zeit durch ihre allseitigen Verbindungen im centralen Nervensystem so ordnen können, daß die räumliche Orientierung nicht gestört zu werden braucht.

Es erwächst nunmehr die Frage, wie die gemischten Nervenbahnen entstehen? Die Lehre von dem freien Auswachsen der Nerven muß die sensible Wurzel zunächst die relativ lange Strecke bis zur vorderen Wurzel gehen lassen, dann aber bald wieder die Nerven sich trennen und die sensiblen Nerven allein bis zur Epidermis wachsen lassen. Dies Wachstum ist zwar etwas unverständlich, aber die Nerven müssen nach dieser Lehre eben wachsen, wie sich später ergibt, daß sie gewachsen sein müssen. Ehe die Spinalganglien austreten, hat der Embryo im Querschnitt die Form Fig. 50, die in der Textfigur IV A hier wiedergegeben ist.

Die Cutisplatte ist stark zurückgebogen, der Urnierenkanal und Müllersche Gang in der Abtrennung vom Ektoderm begriffen. Dann ändert sich der Habitus des Durchschnitts allmählich so, daß die Fig. B der Textfigur entsteht. Der Urnierengang hat sich bis zum Peritonealspalt hindurchgearbeitet und hat eine große Urniere entwickelt. Die Urwirbel

Gemischte Nervenbahnen.

sind stark rückwärts gedrängt, die Bauchdecken sehr stark nach vorn um-
gebogen. Die beiden letztgenannten Vorgänge scheinen mir ein Moment zu
enthalten, das zur Verlagerung der Nerven beitragen kann. Indem die Bauchdecken von der Rückwärtsbiegung aus nach vorne hin gehen, wird die dem
Ektoderm anliegende Fasermasse schlaff werden und dann können die rückwärts drängenden Urwirbel sie seitlich fortschieben. Falten sich die
Bauchdecken noch weiter zusammen, so werden die Nerven, zwischen den
Urwirbeln durchschneidend und einen geraden Verlauf nehmend, in den
motorischen Nerven hineingelangen. Ich erinnere daran, daß der Seitennerv

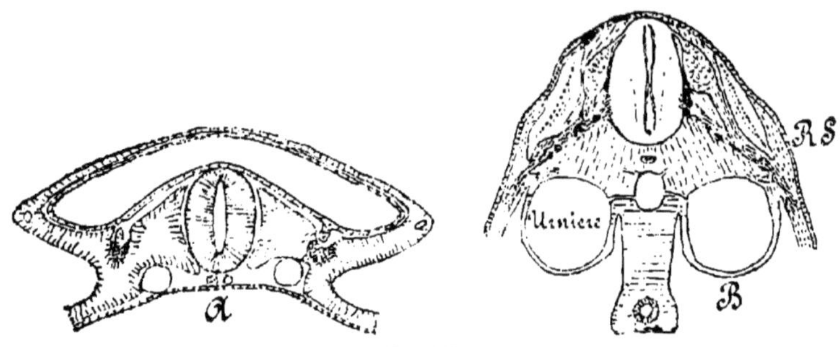

Fig. IV.

der Fische, der der Länge des Körpers nach verläuft, nicht in die motorische
Wurzel gelangt. Es erklärt sich damit auch die Eigentümlichkeit, daß das
Ganglion spinale, das spät entsteht, nicht nach der Epidermis hin, sondern
nach vorn zu geht. In der ersten Entwicklungszeit habe ich allerdings die
vorderen Fortsätze der Ganglien nicht bis zur sich eben sammelnden motorischen Wurzel hin verfolgen können, aber in der früheren Embryonalzeit
sind ja auch Ganglion und vordere Wurzel noch recht weit voneinander
getrennt. So mächtig das Ganglion auch wird, die Vereinigung desselben
mit der vorderen Wurzel erfolgt erst spät. Ich habe daran gedacht, daß
die sensiblen Wurzeln, wenn wirklich die sensiblen Nerven zwischen den
Urwirbeln durchschneiden, etwas verschoben gegen die motorischen Wurzeln
entspringen müßten. Davon ist aber am Rückenmark des Erwachsenen ab-
solut nichts zu entdecken. Der Embryo ist in dieser Periode stark in der
Längsachse gekrümmt, es ist also möglich, daß sich bei der Streckung desselben die Wurzeln einander gegenüberstellen. Recht befriedigend ist die
ganze mechanische Erklärung der Nervenmischung nicht, es tröstet mich,
daß die Lehre vom freien Auswachsen darin nicht glücklicher ist.

Das Durch-
schneiden des
Urnierenganges. Bemerkenswert sind die Folgerungen, die das Durchschneiden des
Urnierengangs fordert. Es läßt sich leicht erkennen, daß die motorischen
Nerven bis dahin nicht weiter hinaus gewachsen sein können, als wie die
Urwirbel sich erstrecken. Es sind daher die Nervenäste, die in Fig. IV als
über die Urwirbel hinausgehend gezeichnet sind, rein sensibel und eventuell
sekretorisch. Es ergibt sich ferner, daß die glatte Muskulatur, sofern
auch sie von Anfang an mit Nerven zusammenhängt, entweder auch aus

den Urwirbeln entsteht, was mir am wahrscheinlichsten erscheint, oder aus den Eingeweideplatten. Von einer Entstehung aus dem Endothel der Gefäße habe ich mich nie recht überzeugen können.

Dohrn (1) hat die Frage aufgeworfen, ob denn wirklich immer die Nervenverbindungen durchaus richtige seien. Wie mir scheint, ist eine verneinende Beantwortung dieser Frage für die von ihm verfochtene Lehre vom freien Auswachsen der Nerven verhängnisvoller, als für meine Lehre. Wenn nämlich die frei auswachsenden Nerven nicht unfehlbar das zugehörige Ende finden, so ist keine Grenze für die möglichen Fehler zu erblicken und es wird die ganze Vorstellung nur noch nichtssagender. Nach meiner Lehre könnten sich dagegen ganz wohl Verirrungen einer beschränkten Größe ereignen, es müßten sich fast deren mehr finden, als ich nachweisen kann. Die Ausbeute an Fällen ist wohl deshalb nur gering, weil die Frage bisher nicht aktuell war. Angaben über eine Verschiebung der Orte, von denen charakteristische Reflexe, z. B. der Cremasterreflex ausgehen, habe ich nicht gefunden. Eine Entscheidung über den Sitz bestimmter Allgemeingefühle zu treffen ist meistens schwer. Ich finde indessen, daß von Gynäkologen (24) angegeben wird, daß der Sitz des Wollustgefühls sich nicht an der Clitoris, sondern zwischen Clitoris und Harnröhre und an dem vorderen Scheideneingang finde. Das ist sicher nicht allgemeingültig, eine symmetrische Irrung ist auch wenig wahrscheinlich, aber eine Verirrung gerade in der Nähe der Mittellinie scheint noch am leichtesten möglich zu sein. Verirrungen der sensiblen Nerven werden vielleicht, wie schon erwähnt, dadurch ausgeglichen, daß die Bahnen im Mark entsprechend entwickelt werden können.

Zwaardemaker (25, A.) stellt die Hypothese auf, daß die Riechepithelien sich für die verschiedenen Gerüche spezifisch so ausgestaltet haben, wie sie nach ihrer Lage in der Nase der Berührung durch die besondere Art des Riechstoffs ausgesetzt sind. Diese Hypothese würde für die Lehre von der Entstehung der Nervenendigungen in Betracht zu ziehen sein. Sie stößt aber auf das Bedenken, daß die Zellen der unteren Region der Riechschleimhaut mit allen und nur die Zellen der oberen Region mit den schwer diffusiblen Riechstoffen in Berührung kommen, für die ersteren Zellen daher die spezifische Ausbildung ganz schwer abzuleiten sein dürfte. Außerdem erscheint eine Verschiedenheit der Berührung nach Diffusibilität für manche Tiere, so für die höheren Krebse und Insekten, aber auch für die Fische nicht ersichtlich zu sein. Ich glaube daher, daß die Mechanik des Geschehens noch nicht so genügend aufgeklärt ist, um hier berücksichtigt werden zu können.

Bezüglich Abnormitäten von Mitgefühlen gibt H. Quincke (25) eine erhebliche Zahl von Fällen. Häufig wird von gewissen, aber bei verschiedenen Personen durchaus verschiedenen Stellen des Gehörgangs aus ein Stechen oder Kitzeln im Halse, am unteren Teil des Schlundes oder im Kehlkopf angegeben, meistens auf der gleichen, zuweilen auf der anderen Seite, auch Kitzel innen an der Wange. Wenn Eis bei dem Verschlucken den Kehlkopf passierte, trat bei anderen Personen Schmerz auf der Scheitel-

höhe ein, der von dort nach Hinterhaupt und Stirn ausstrahlte; diese besondere Art der Entwickelung zentraler Verbindungen fand sich bei Mutter
und Tochter, war also vererblich. Quincke stellt noch eine Reihe eigen-
tümlicher Mitempfindungen und damit verwandter Vorgänge auf. Namentlich
ist zu erwähnen, daß mit dem Mitgefühl von der Rachenhöhle nach dem
Scheitel auch der Kopf beginnen kann zu schwitzen, was also das Vorkommen eines verirrten sekundären Reflexes nachweist. Das Mitgeteilte
wird genügen, um zu erkennen, daß keine vollkommene Sicherheit in der
Ausbildung der Nervenbahnen im zentralen Nervensystem besteht.

Es bleibt noch übrig eine Reihe von Fällen zu prüfen, in denen das
sensible Nervenende sicher nicht im Ektoderm liegt.

Die tiefliegenden Enden der sensiblen Nerven.

Die Fälle dieser Endigungen fasse ich zusammen in die Gruppe der Zahnnerven, der sensiblen Nerven von Muskeln, Sehnen, Periost und Zubehör, der Nerven der Hirn- und Rückenmarkshäute und der Nervenendkörper der Cutis.

Zahnnerven.

Zur Zeit meiner früheren Arbeiten mißlang es mir, die Zahnnerven in meine Lehre einzufügen, wie damals (2. Anmk.) erwähnt wurde. Ich mußte glauben, daß die Nerven in den Odontoblasten endeten, konnte diese aber nicht von Ektodermzellen herleiten. Jetzt gilt die Lehre, daß die Nerven nur neben den Odontoblasten liegen und daß diese Zellen sicher zur Bindesubstanz gehören. Die Sensibilität des Zahnbeins verhält sich etwas eigentümlich. Nach der Literatur und nach mündlichen Mitteilungen des Herrn Zahnarzt Dr. Fricke ist das Zahnbein empfindlich an der Übergangsstelle zwischen Schmelz und Zement (Zahnhals) und überall, wo es an den Schmelz stößt, namentlich sehr empfindlich, wenn es durch Abschleifen der Zahnkrone ganz oder nahezu freigelegt ist; dann auch in Bohrlöchern, wenn man sich der Pulpa nähert oder wenn solche Löcher einige Tage offen gestanden haben. Es scheint mir, daß in allen diesen Fällen eine gewisse Reizung der frei gelegten Teile entstanden sein muß und dadurch, wie es auch wohl sonst geschieht, eine größere Empfindlichkeit der Nerven, dicht an der Pulpa eine größere Ansammlung der Nerven im Spiele ist. Präparate von Zahnentwickelung, in denen zwar schon Odontoblasten, nicht aber schon Zahnbein gebildet war, die mir Herr Dr. v. Korff vorlegte, zeigten die Pulpa ein wenig von den Schmelzzellen zurückgezogen. Hier gingen zahlreiche Fäden zu den Schmelzzellen, manche verzweigt und den Odontoblasten angehörend, aber dazwischen sehr feine, gestreckt verlaufende, zuweilen etwas knotige Fäden, die an den oder in den Schmelzzellen endeten und die ich für Nerven halten mußte. Die Schmelzzellen, die auf ihrer Limitans stehen, sind m. E. die wahren Endzellen der Pulpanerven. Indem die Limitans allmählich verdickt wird und verkalkt, gehen in ihr die Nerven zu grunde, aber neben den Odontoblastenfortsätzen, die weich bleiben, könnten sich die Schmelzorgan-Nerven erhalten. Ich dachte daran, ob sie nicht neben diesen erkannt werden könnten. Man hat ja häufig Präparate, in denen die Pulpa während des Erhärtens etwas geschrumpft ist, wo man dann viele Fäden von ihr zum Zahnbein hin verlaufen sieht. Diese Fäden sah ich bisher für herausgezogene Odontoblastenfortsätze an, aber als ich mit Oellinsen nach daneben liegenden Nerven suchte, fand ich in meinen Präparaten, daß grade diese Fäden sich durchaus wie Nerven verhielten. Sehr fein stiegen sie ohne Anfangsverdickung grade bis zu den Zahnbeinkanälen an, waren zuweilen etwas knotig und schienen eher neben als aus den Odontoblasten herauszukommen. Die Odontoblasten endeten wie abgestumpft, wohl bei der Erhärtung etwas abgestutzt. Daß ihre Fortsätze sich nicht oder nur schwer aus den Röhren herausziehen lassen, scheint mir jetzt sehr wohl verständlich, weil sie ja durch viele Verzweigungen mit dem Zahnbein zusammenhängen. Ob die Nerven aus den Röhren oder aus der schrumpfenden Pulpa herausgezogen werden, kann ich nicht sagen. Wenn man bedenkt, daß die Zahnpulpaoberfläche wohl der einzige Fall im Organismus ist, wo das Mesoderm ohne Epithel und ohne Limitans ist, wird es verständlich, daß aus ihr sehr wohl Nerven herausgezogen werden können, während die Odontoblasten mit zu großer Fläche festsitzen, um sich bei der Schrumpfung zu lösen. Bei der sehr großen Zahl von Untersuchungen über Zahnbildung würde es für diese Arbeit sehr geringen Wert gehabt haben, wenn ich die Angelegenheit weiter hätte verfolgen wollen. Ich erinnere jedoch daran, daß Boll (26), sicher unbeeinflußt von meiner Lehre, da er sich für Cohnheim ausspricht, ein entsprechendes Verhalten der Nerven beschreibt. Ich sehe nicht ein, was, abgesehen von dem Mißglücken der Vergoldung, berechtigt, Boll's Befunde zu verwerfen. Demnach ist das Verhalten der Nerven im Zahnbein genau meiner Lehre entsprechend. Es würde sogar als notwendig erscheinen, wenn nicht noch die Möglichkeit gegeben wäre, daß die Nerven auch im Zahnbein verkalken könnten. Daß sie unverkalkt oder wenigstens leistungsfähig bleiben müssen, kann ich histologisch nicht erweisen.

Sensible Nerven der Bewegungsapparate.

Die Ableitung der Sensibilität der Muskeln und des Zubehörs an Sehnen, Bändern und Periost macht Schwierigkeiten wegen der noch sehr unvollkommenen Detailkenntnis der bezüglichen Entwicklungsvorgänge. Als ich seiner Zeit erkannte, daß sich anfänglich der Coelomspalt bis in die Urwirbelplatte hinein fortsetzt und somit die Urwirbelhöhle mit dieser Spalte in Zusammenhang zu bringen sei, war ich zufrieden, weil ich auf die Fata Morgana der Phylogenie blickte, deren Urgefilde doch unerreichbar fern zu liegen scheint. Der Befund weist zwar auf eine große und allgemeine Bedeutung des Coelomspalts hin, gibt aber für die Urwirbel selbst keinerlei Erklärung der obwaltenden Notwendigkeiten. Wenn man den Längsschnitt der Urwirbel Fig. 100 ansieht, so entsteht sofort die Frage, was wohl die distale Zellenlage in ihm zu bedeuten habe. Nach Bildung und Entleerung des Urwirbelkerns, in dessen schwer deutbarer Masse ich jetzt wie schon erwähnt die Urzellen der glatten Muskeln vermute, legen sich die Wände der Urwirbel zusammen. Es beginnt die Bildung der quergestreiften Muskulatur, die dann von dort aus sich im Körper verbreitet. Diese

Muskelbildung ist in dem gezeichneten Urwirbel in vollem Gang. Der von der Urwirbelhöhle gelassene Spalt ist noch nicht völlig verwischt. Die Menge der Zellen in der sich scharf abgrenzenden äußeren Lage der Urwirbel ist auffallend groß. Was kann daraus werden? Die äußere Lage ist eher älteren wie jüngeren Ursprunges als die innere Lage, und diese ist in der Muskelbildung schon soweit vorgeschritten, daß eine Bildung von quergestreiften Muskeln in der äußeren Lage ausgeschlossen erscheint. Können glatte Muskeln daraus werden? Durch das Wachstum der Membrana reuniens superior Textfigur IV kommt die Urwirbelmasse unter die Cutis, es wäre also eine Bildung von glatten Muskeln möglich, aber die Lagerung spricht dagegen. Die äußere Urwirbelplatte stammt vorwiegend vom distalen Teil der Medullarplatte ab, die bestimmt ist den hinteren Teil des Rückenmarks zu bilden, und diesem Teil schreiben wir vorwiegend sensible Eigenschaften zu. Demnach wäre es wohl möglich, daß auch in den Urwirbeln außen sensible Endzellen vorlägen. Ich gestehe, daß mir die Masse derselben dafür zu groß erscheint. Eine weitere Verfolgung der Schicksale dieser Zellen kann erst Entscheidung bringen. Die Nervenstämme müssen von der Seite her eindringen.

Sensible Nerven der Markhüllen.

Dohrn (1) hat gegen mich den Einwand erhoben, daß doch Ektodermzellen in das Mesoderm gelangen und dann von ihnen aus Nerven, deren ektodermale Natur er anerkennt, auswachsen könnten. Demgegenüber kann ich nur sagen, daß dann der Spiritus rector eine ganz besondere Wachsamkeit entwickeln müßte, um die auswachsenden Nerven ihrem richtigen Anfangsapparat zuzuführen. Im übrigen wird es um so mehr erlaubt sein, seinen Ideengang dankbar aufzunehmen, als Dohrn Verteidiger des freien Auswachsens der Nerven ist. In der Tat finden sich in Fig. 48 auf deren linken Seite oben neben dem Mark einige Ektodermzellen, die nicht ohne besondere Bemerkung gezeichnet sein würden, wenn sie auf Konto eines Schnittfehlers oder sonstiger Zufälligkeiten hätten geschrieben werden können. Gehen diese Zellen auf die Limitans des Rückenmarks hinüber, so ergibt sich Folgendes. Es bedarf nur einer geringen Wanderung dieser Ektodermzellen, damit eine richtige Verteilung der sensiblen Nerven auf den Markhäuten stattfindet. Dabei können dann auch sehr wohl die vorderen Wurzeln ihre rekurrente Sensibilität gewinnen. Daß solche abgeschnürte Zellen bisher nicht häufiger gesehen sind, beweist nichts gegen ihr Vorkommen, denn wenn man keine Ursache hat, darauf zu achten, wird man sie leicht übersehen. Meine Lehre nähert sich hier der Lehre vom freien Auswachsen. Es ist aber ein großer Unterschied, ob Nerven zu ihrem Endapparat hin frei auswachsen, oder ob Endzellen mit ihren Nerven sich innerhalb eines morphotisch und chemotisch abgegrenzten Gebietes verteilen und die Endzellen vielleicht weithin ihre sensiblen Fortsätze entsenden. Ich bin übrigens mit der gegebenen Ableitung wenig zufrieden, nur wünsche ich zu zeigen, daß auch für diese zunächst noch entwicklungsgeschichtlich zu wenig verfolgten Fälle meine Lehre durchführbar erscheint.

Die tief liegenden Hautnerven.

Bei den in der Cutis liegenden mannigfaltigen Endapparaten gehen wohl alle Nerven in besondere Zellapparate ein. Selbst für die Paccinischen Körperchen geben die schönen Abbildungen von Key und Retzius (28) unzweifelhaft zellige Endigungen. Die dicht unter der Epidermis lagernden Endapparate werden doch wohl von Einstülpungen der Ektodermzellen herzuleiten sein. Eine vorläufig nicht zu überwindende Schwierigkeit bieten die Paccinischen Körperchen. Deren große Lageverschiedenheit bei den verschiedenen Tieren, bei den Katzen massenhaft im Mesenterium, bei Vögeln im Lig. interosseum des Unterschenkels, und sonst an Ligamenten und im Fettgewebe deuten darauf hin, daß fundamentale Verhältnisse kaum herbeizuziehen sind. Man müßte über die bezüglichen Entwicklungsvorgänge mehr als bisher unterrichtet sein, um auch nur eine vorläufige Ansicht über die diese Bildungen beherrschenden Notwendigkeiten gewinnen zu können. Ihre Deutung als frei auswachsende Nerven, die nur ihr richtiges Ende nicht erreicht haben, ist schon deshalb nicht möglich, weil ihr Vorkommen für die einzelne Tierart konstant ist, also Notwendigkeiten ihre Lage bestimmen.

Der Sympathicus.

Die Enden der sympathischen Nerven werden namentlich durch die Gefäßwucherungen weiter getragen, was wenigstens für die motorischen Nerven völlig verständlich und notwendig erscheint, wenn, wie schon erörtert, die glatten Muskeln dem Kern der Urwirbel entstammen. Selbst wenn sie Bestandteil des Remakschen Darmfaserblattes sein sollten, würde die Sache ähnlich liegen. Diese Art der Verbreitung der Nerven ist einfacher, als die, daß die Nerven auswachsend sich nachträglich mit den Gefäß- und anderen glatten Muskeln, deren relative Lage sich während der Entwicklung fortwährend ändert, verbinden. Man könnte einwenden wollen: die Gefäße wachsen ja aus, weshalb dann nicht auch die Nerven? Darauf wäre zu erwidern, daß auch für das Auswachsen der Gefäße die Notwendigkeiten dermaleinst werden nachgewiesen werden müssen, wenngleich hier häufiger Verirrungen im Verlauf vorkommen. Im allgemeinen folgen die Gefäße den Neubildungen der Gewebe, auch mag der Strom der Parenchymflüssigkeit chemotaktisch wirken, die Nerven ausdehnen und zur Erweiterung ihrer Bahnen zwingen. Es muß aber daran erinnert werden, daß zwar die Nerven, nicht aber die Gefäße, mit Ausnahme der Chylusgefäße, ein eigentliches Ende haben, das Auswachsen der Gefäße also nur in Vermehrung der Gefäßschlingen besteht.

Bezüglich der Innervation des Herzens scheint es mir möglich, daß sie in gleicher Weise erfolge. Wenn, wie His jun. (29) nachgewiesen hat, die Ganglien in das Herz einwandern, so ist es doch nicht ausgeschlossen, daß sie entlang feiner, in dem Gewebe nicht gut sichtbarer Nerven sich vorschieben. Meine Zeichnung vom Schwanz der Froschlarve gibt (2 u. 2a) u. a. Fig. 10 Kerne in den Nervenstämmen, die recht wohl zu Ganglien ausgebildet werden könnten, so daß mir das Wachsen von Kernen entlang der Stämme nicht unwahrscheinlich erscheint. Es bilden sich zwischen dem visceralen Pericardium und dem Herzendothel die Muskeln aus; woher diese eigentlich stammen, ist, meines Wissens, nicht mit voller Beweiskraft nachzuweisen gewesen. Es ist möglich, daß die Muskeln von der recht breiten und nach außen schlecht abgegrenzten Urwirbelplatte des Kopfes stammen, sie sind zunächst ungemein sparsam. Ich konnte mir über diesen Punkt

bei meiner Untersuchung über die Entwicklung des Herzens (32. A.) keine
bestimmte Ansicht bilden[1]). Die sympathischen Nerven der Eingeweide-
drüsen kann ich nicht ableiten. Die Nerven sind noch in später Zeit
so fein und so zerstreut, daß Beobachtungen in früher Zeit kaum zu gewinnen
sind. Die Verbindungen zwischen Medulla resp. Sympathicus und Entoderm
werden durch den Urnierengang nicht abgeschnitten. Daß hier ein Zusammenhang aus der Zeit des Primitivstreifs und des Canalis neurentericus bestehen
bleibt, ist zunächst nicht auszuschließen.

---

[1]) Man möchte glauben, daß schon die Einwanderung einer einzelnen Muskel-
zelle zur Entwickelung der Muskulatur des Herzens ausreichen könne, aber nähere Über-
legung ergibt, daß man sich die Möglichkeit so doch nicht vorstellen darf. Die Teilungs-
zeiten beschränken die Möglichkeiten und dürften überhaupt verschieden sein. Gute Ernährung dürfte zu rascheren Teilungen führen, wie z. B. die Plexus chorioidei sich falten
infolge rascher Zellteilungen. Dagegen faltet sich das Pigmentepithel der Retina trotz
vorzüglichster Ernährung nicht, wie ich glaube, weil ihm gleichzeitig mit dem Wachstum
die Arbeit erwächst, die Substanz der Stäbchen um den heute leider zu sehr vernach-
lässigten Sinnesfortsatz des Innengliedes, den Ritterschen Faden (30) herum anzulegen.
Platzbeschränkung könnte ja durch Druck hindernd auf die Zellteilung wirken, doch pflegt
ein Druck leicht überwunden zu werden. Im Herzen haben zwar die Muskeln eine gute
Ernährung und anfänglich sehr viel Platz, aber zugleich haben sie Arbeit zu leisten. Da
die Vermehrung der Zellen in geometrischer Reihe vor sich gehen muß und da man die
Mitosen zählen kann, wäre es vielleicht möglich, numerische Normen für die Kern- und
Zellteilungszeiten zu finden, für verschiedene Embryonalperioden und Organe, und
somit einmal eine exakte Basis für den Entwicklungsvorgang zu gewinnen.

Schlußbemerkungen.

Die Probe ist beendet! Ich verwahre mich entschieden dagegen, auf philosophischem Wege eine naturwissenschaftliche Frage haben lösen zu wollen. Das halte ich für untunlich. Man kann und soll die Beobachtungen zusammen reimen, aber bei Ausdehnung der Beobachtungen habe ich ausnahmslos gefunden, daß in der Natur viel besser gereimt wird, als ich das je zu tun vermochte. Wo ich weit über die vorliegenden Beobachtungen hinausgehen mußte, wird sicherlich erwiesen werden, daß meine Entwicklung noch stark hinkt. Da ich die Lehre von dem freien Auswachsen der Nerven nicht nur für unmöglich, sondern diesen Glauben für einen Hemmschuh der emporklimmenden Entwicklungsgeschichte halte, konnte ich nicht paktieren, sondern es lag der Zwang vor, ihr jedes Gebiet zu nehmen. Überblicke ich die vorliegende Probe, so scheint sie mir im großen und ganzen günstig verlaufen zu sein. Es sind große Schwierigkeiten, zum Teil unerwarteter Art, die für unüberwindlich zu halten ich Niemandem verdenken kann, überwunden worden, oder es ist doch der Weg gezeigt, sie zu überwinden. Es führte der Ausbau der Lehre, wenn sie richtig ist, zu einer Reihe von nicht unerheblichen Entdeckungen, die wenigstens nicht im Widerspruch zu unserem gegenwärtigen Wissen stehen. Dies scheint mir ein Zeichen des Gelingens, mindestens aber dafür zu sein, daß die Lehre viel Richtiges enthalten muß. Dennoch hege ich die Befürchtung, daß diese Probe, trotzdem sie eine nennenswerte Summe von Forschungs- und Denkarbeit enthält, in dem reißenden Strudel der heutigen Literatur fortgeschwemmt werde. Ich hoffe wenig auf Unterstützung seitens der älteren Forscher, denen die eigene auf etwas anderen Anschauungen beruhende Forschungsrichtung lieb geworden ist, und die, entsprechend der menschlichen Natur, auch meiner eigenen, an dem einmal betretenen Weg festhalten werden. Ich wandte mich in meiner Einleitung an die jüngeren Forscher. Diesen die Bildung eines eigenen Urteils, das durch den genannten Strudel erheblich erschwert wird, zu erleichtern, sei durch nachfolgende beispielsweise Aufzählung versucht, die man mir daher nicht allzusehr verdenken möge. Ich habe die Zugehörigkeit der peripherischen Nerven zu dem Ektoderm, die Bildung der Muskeln aus den Urwirbeln entdeckt, ich habe die paarige Entwicklung des Herzens nachgewiesen (32 A.), habe gegen meinen Freund His an der

Entstehung des Urnierengangs aus dem Ektoderm festgehalten, habe nachgewiesen und verteidigt (31 und 32), daß der häutige Schneckengang rings
von Ektoderm ausgekleidet wird; so unwahrscheinlich diese, die Verhältnisse
erläuternde Tatsache allen Histologen erscheinen mußte, die Entwicklungsgeschichte machte diese Art des Geschehens notwendig. Ich habe nachgewiesen, daß das Ei des Meerschweinchens das Epithel des Uterus durch-
bohrt, so unwahrscheinlich dieses feindliche Verhalten des Eies auch allen
Embryologen und zunächst auch mir erscheinen mußte. Dies alles ist jetzt
anerkannt. Meine daraus folgende Erklärung der Blätterumkehr (33) bei dem
Meerschweinchen ist vielleicht noch nicht anerkannt, wird dies aber werden
oder neu entdeckt werden müssen. Ich darf vielleicht auch darauf hinweisen,
daß in meinen Arbeiten über Ohr und Auge der Wirbellosen die Gleichwertigkeit von deren Ektoderm mit dem der Wirbeltiere und damit die
Gleichwertigkeit der ganzen Entwicklung lange vor der Zeit vorlag, als
Häckels Gasträahypothese den Strom der vergleichenden Entwickelungsarbeiten
hervorrief. Als Embryologen kann man mich daher mit beruhigtem Gewissen
immerhin noch gelten lassen.

So werfe ich denn nunmehr den Anker der Notwendigkeiten, (oder
wenn ein bestimmterer Name vorgezogen wird, die Notwendigkeitslehre,[1])
die Anagkologie), in den reißenden Strom der Literatur, mit dem Wunsche,
daß er stark genug sei, um meine und die Arbeiten meiner Nachfolger
so lange zu halten, bis sich ihre Aufgabe, den Wissensschatz zu mehren und
zugleich befruchtend zu wirken, erfüllt hat und bis der Rückfall auf niedere
Stufen der Wissenschaft nur noch geringe Wahrscheinlichkeit für sich hat.

---

[1] Es hat übrigens schon Carl Ludwig in der Einleitung zu seiner Physiologie
die Aufgabe vorangestellt, die Notwendigkeit des Geschehens nachzuweisen.

Literaturverzeichnis.

1. Anton Dohrn, Studien zur Urgeschichte des Wirbelthierkörpers. No. 20. Mittheilungen aus der zoologischen Station in Neapel. Bd. 15. 1901.
2. Hensen, Ueber die Entwickelung des Gewebes im Schwanz der Froschlarve. Virchows Archiv. Bd. 31. S. 51. 1864.
2a. Derselbe, Über die Nerven im Schwanz der Froschlarve. M. Schultze Archiv f. mikr. Anatomie. Bd. IV. 1868.
3. W. Roux, Homotropismus und Allotropismus, Homophilie und Allophilie und ihre Unterarten. Archiv für Entwicklungsmechanik. Bd. 8. 1899.
4. Enderlen, Histologische Untersuchungen über die Einheilung von Pfropfungen. Deutsche Zeitschrift für Chirurgie. Bd. 45. 1897.
5. J. Froßmann, Zur Kenntnis des Neurotropismus in Ziegler, Beiträge zur pathologischen Anatomie. Bd. 24 und 27.
6. Albert Kölliker, Entwicklungsgeschichte des Menschen und der höheren Thiere. Leipzig 1879.
7. Hensen, Zur Entwicklung des Nervensystems. Virchows Archiv. Bd. 30. 1864.
7b. Derselbe, Ueber ein Instrument für mikroskop. Präparation. Archiv für mikroskopische Anatomie. Bd. 2. 1866.
8. Edward Albert Schäfer, Description of a Mamalian Ovum in an early Condition of Developement. Proceedings of the Royal Society. No. 168. 1876.
9. Hensen, Beobachtungen über die Befruchtung und Entwicklung des Kaninchens und Meerschweinchens in: Zeitschrift für Anatomie und Entwicklungsgeschichte. Vogel Leipzig 1875/76? Nur ein Band erschienen.
10. J. Graham Kerr, The early Developement of Muscles and motor Nerves in Lepidosiren. Report of the British Association. Section D. Belfast 1902.
11. Derselbe, The Developement of Lepidosiren paradoxa. Prt. 3 in the quarterly Journal of microscopical Science. Bd. 44.
12. R. Altmann, Bemerkungen zur Hensenschen Hypothese von der Nervenentstehung. Archiv für Anatomie (und Physiologie) 1885.
13. Wilhelm His, Ueber den Aufbau unseres Nervensystems. Gesellschaft der Naturforscher und Aerzte. Allgemeiner Theil. 1893.
14. G. Retzius, Biologische Untersuchungen. Neue Folge 5. Taf. 10.

15. Hensen, Die Grundlage der Vererbungslehre nach dem gegenwärtigen Wissenskreis. Landwirtschaftliche Jahrbücher. 1885.

16. W. His, Die Neuroblasten und deren Entstehung im embryonalen Mark. Abhandl. d. mathematisch-physikalischen Classe d. k. sächs. Gesellschaft d. Wissenschaften. 1889.

17. E. Babak, Ueber die Entwicklung der motorischen Coordinationsthätigkeiten im Rückenmarke des Frosches. Pflügers Archiv. Bd. 93, Heft 4, 1902.

18. Hensen, Studien über das Gehörorgan der Decapoden. Zeitschrift für wissenschaftliche Zoologie. Bd. 13. 1863.

19. Derselbe, Ueber das Gehörorgan von Locusta. Ebenda. Bd. 14.

20. Derselbe, Ueber das Auge der Cephaloden. Ebenda. Bd. 15. 1865.

21. V. v. Ebner, in Kölliker, Handbuch der Gewebelehre. Bd. II 2.

22. H. Vierordt, Daten und Tabellen. Jena. 1894.

23. Bedot, Devélopement des nerfs spinaux chex les Tritons. Diss. Genève. 1884.

24. R. Bergh, Symbolae ad cognitionem genitalium externorum foeminearum in Unna, Monatshefte der praktischen Dermatologie. 1901.

25. H. Quincke, Ueber die Mitempfindungen und verwandte Vorgänge. Zeitschrift für klinische Medizin. Bd. 17.

25. A. Zwaardemaker, Physiologie des Geruchs. Leipzig. 1895.

26. Boll, Untersuchungen über die Zahnpulpa. Archiv für mikroskopische Anatomie. Bd. IV. 1868.

28. Axel Key und Gustav Retzius, Studien über die Anatomie des Nervensystems und des Bindegewebes. Zweite Hälfte. 1867.

29. W. His jun., Ueber die Entwicklung des Bauchsympathicus beim Hühnchen und Menschen. Archiv für Anatomie und Physiologie. Supplementbd. 1897. S. 137 f. f.

30. Hensen, Ueber das Sehen in der Fovea centralis. Virchows Archiv. Bd. 39. S. 475.

31. Derselbe, Zur Morphologie der Schnecke des Menschen und der Säugethiere. Zeitschrift für wiss. Zoologie. Bd. 13. 1863.

32. Derselbe, Besprechungen im Archiv für Ohrenheilkunde A. Bd. IV, S. 1 und B. Neue Folge. Bd. 2. S. 163.

33. Derselbe, Ein frühes Stadium des im Uterus des Meerschweinchens festgewachsenen Eies. Archiv für Anatomie (und Physiologie) 1883 und Bemerkungen betreffend Entwicklung der Mäuse. Ebenda.

Erklärung der Figuren.

Sämtliche Zeichnungen sind nach in Wasser liegenden, meistens mit Karmin gefärbten Präparaten gemacht.

Fig. 12. Nerven aus dem Schwanz einer Froschlarve, die zwar noch klein, aber bereits ohne äußere Kiemen war. a. Parenchymzellen, b. Nerven. Vergrößerung 900 Mal.

Fig. 10. Nerven in dem Schwanz einer Froschlarve, in der die Stämme beginnen markhaltig zu werden. Das Epithel ist entfernt. Die Nerven verlaufen dicht unter der M. limitans. Bei d. beginnende Ansammlung von Nervenmark, zu einer Kugel zusammengezogen. Bei b. eine Art von Kern im Nervenstamm, wie solcher sich auch an zwei anderen Stämmen zeigt. c. Bindesubstanzzellen. a. Gefäße.

Fig. 14. Epithelzellen vom Schwanz einer Larve von Rana temporaria. Der Nerv geht an oder bis an die Unterfläche der Epithelkerne. Er endet mit einer Anschwellung, die ich früher für das Kernkörperchen gehalten habe. Dort, wo zwei Nerven in eine Zelle eintreten, scheint sich die Teilung vorzubereiten. Die Zeichnung ist dem Schwanz eines lebenden Tieres entnommen. Vergrößerung 900 Mal.

Fig. 44. Die Limitans des Ektoderm von einem schuhsohlenförmigen Kaninchenembryo aus einem breiten Querschnitt; vom Ektoderm und Entoderm freigemacht bei etwa 400facher Vergrößerung. Der zellenfreie Teil stammt aus der Area opaca, er ist absichtlich etwas in Falten gelegt. Die Membran liegt mit ihrer Rückenseite vom Beobachter abgewendet. Die Zellen darauf gehören zum Embryonalkörper. Ich habe nicht sicher ermittelt, ob es Gefäßendothelien oder auswuchernde Mesodemrzellen sind. Für die Demonstration einer Limitans kam es darauf nicht an.

Fig. 47. Durchschnitt des Körpers eines 9 Tage alten Kaninchenembryos in der Höhe des dritten Urwirbels. Vergrößerung 400. Das Rückenmark ist geschlossen. Man sieht um dasselbe die Limitans des Marks mp′ und zu letzterer hinstrahlend und darüber hinaus bis zu den Urwirbelzellen gehend die Ausläufer des Marks, die ich als Nerven deute. Am. Amnios, teilweise fortgeschnitten, a. Ektoderm, U. Urwirbel, pr. A. primitive Aorta, teilweise schon mit Blutkörperchen, mp. Limitans auf den Urwirbeln, ch. Chorda, von einer homogenen Scheide umhüllt, die mit einer homogenen Haut, die Mesoderm und Entoderm trennt, also Limitans des Entoderms ist, zusammenhängt. Die Haut ist viel feiner, wie die Limitans des Ektoderm, daher nicht weit zu verfolgen. Wegen Karminfärbung treten die Kerne zu sehr in den Vordergrund.

Fig. 48. Derselbe Embryo näher der Schwanzgegend. Das Rückenmark steht dicht vor dem Verschluß, ist aber durch den Schnitt verletzt. Die Seitenteile des Schnitts sind in der Originalzeichnung gegeben, hier fortgelassen. Das doppelschichtige Amnios überzieht den Embryo. Vom Mark gehen Fäden an die Limitans m. pr. und darüber hinaus, sowohl an das Ektoderm als auch an und zwischen die Urwirbelzellen. Man sieht hin und wieder zwischen Ektoderm sowie zwischen Entoderm und Mesoderm Fäden, die vielleicht zu einer Art Spongiosa gehören. Ch. Chorda, e. Entoderm, pr. A. primitive Aorta.

Fig. 50. Querschnitt aus dem hinteren Dritteil eines Kaninchenembryos vom Alter von 10 Tagen. Vergrößerung 150. Man sieht auf der rechten Seite des Rückenmarks den Beginn der Nervensammlung zur Bildung der vordern Wurzel. Am. Amnios, iu. Cutisplatte, df. Darmfaserplatte, gf. Gefäßblatt, das so benannt werden muß, weil man es im Zusammenhang für sich abpräparieren kann. Die Darmfaserplatte ist auffallend dünn. e. Darmdrüsenblatt, Un. Urnierengang, der sich in etwas früherer Zeit vom Ektoderm getrennt hat. M. Müllerscher Gang, auf der einen Seite schon vom Ektoderm gelöst, auf der anderen Seite noch festsitzend und bei Bewegung der Ektodermplatte sich mit dieser bewegend. Die Entstehung des Müller'schen Ganges wird jetzt anders beschrieben, aber was ich nicht nur gesehen, sondern auch gezeichnet und mit der Nadel nachgeprüft habe, wird doch wohl kein Traum sein können! r. Kante, von der aus sich die Membrana reuniens superior, deren weitere Entwicklung die Textfigur IV gibt, bildet.

Fig. 53. Aus dem Rückenmark eines 10 Tage alten Kaninchenembryos. A. Querschnitte durch die ganze Dicke des Marks, ein Abschnitt bei 300 maliger Vergrößerung gezeichnet. a. distale Seite, die Linie weist auf eine Radiärfaser hin, b. ein zweifelhaftes Nervenbündel, c. innere Fläche des Marks, c'. ein dünner Zellenfortsatz, der an die innere Oberfläche des Marks geht.
B. Ein etwas zerzupftes Präparat desselben Embryos bei 600 facher Vergrößerung. a. eine Radiärfaser, von der Limitans abgerissen, b. Nervenfibrillen, b'. Fäden, die aus den Zellkörpern hervorzukommen schienen. Die einzelne Zeichnung kann nicht entfernt so überzeugen, als die vielfache Wiederholung solcher Fälle, die bei der Zergliederung des Marks vor Augen treten. c. innere Oberfläche des Marks.

Fig. 54. Schnitt durch das hintere Viertel eines circa 11 tägigen Kaninchenembryos. 400 mal vergrößert. Erste Bildung des Ganglion spinale.
U. ein Stück des Urwirbels, m. pr. Limitans auf dem Urwirbel, a. ein
Stück des Ektoderms, R. Rückenmark, von der Limitans umgeben, an
dem Mesodermzellen p. von vorne her entlang wachsen. Zwischen
Urwirbel und Mark liegen die Zellen des Spinalganglions, einige
dieser Zellen sind gerade im Heraustreten aus dem Mark begriffen.

Fig. 55. Die Hälfte eines Rückenmarks-Querschnitts eines Schafsembryo
mit noch deutlichen Kiemenbögen. 150 malige Vergrößerung.
a. Ektoderm, b. Cutisblatt (membrana reuniens superior), c. Wirbel-
körper, in dessen Mitte die Chorda, d. Ganglien des Sympathicus,
e. Ganglion spinale, f. hintere Rückenmarkswurzel. In den Nerven
finden sich spindelförmige Zellen. Am Rückenmark ist der Kontur
des Centralkanals wegen zu großer Feinheit des Schnittes an einer
Stelle unterbrochen. Zwischen Limitans und Rückenmark findet sich
ein Raum, der von Radiärfasern durchsetzt wird; der Raum dürfte
durch Schrumpfung des Marks während der Erhärtung entstanden
sein. v. c. die noch sehr schmale vordere Kommissur; diese scheint
teils in den künftigen Vorderstrang, teils in das schon jetzt sichtbar
werdende Vorderhorn und in die Cirkulärschicht zu gehen. Am Mark
unterscheidet man eine aus sechs bis acht Zellenlagen bestehende
Zellenmasse, „Urganglien“ oder innere Markszellen, welche durch
ein Gefäß g, das neben der vorderen Kommissur sich in das Mark
einbohrt, hier aber nur in kurzem Verlauf sichtbar ist und die Lage
der Urganglien in zwei Lagen, die der inneren und äußeren Körnerschicht der Retina homolog sein dürften, teilt. Nach außen von
den Urganglien folgt eine Cirkulärschicht, die fast den hintersten
Teil des Marks erreicht und in der eine einfache oder höchstens
doppelte Lage von spindelförmigen Zellen gesehen wird. Endlich
folgt die Substanz der Vorder- und Hinterhörner, die also die
großen Ganglien bilden wird und als der Ganglienschicht der
Retina homolog angesehen werden kann. Hinten am Centralkanal
findet sich um diese Zeit nur eine einfache Epithellage.

Fig. 56. Rückenmark eines etwas älteren Schafsembryo. Das Präparat ist,
soweit nur irgend möglich, Zelle für Zelle kopiert. Es ist also keine
Zelle, oder, da das Präparat mit Karmin gefärbt war, richtiger gesagt kein Kern gezeichnet, der nicht gesehen wurde; dagegen sind
höher als der optischen Fläche entsprechend liegende Kerne fortgelassen. Der Schnitt hatte die Dicke von etwa drei Kernen. Vergrößerung 300. M. pr., Limitans des Marks. g. in das Mark hinein
wuchernde Gefäße. h. hintere Nervenwurzel. Die Bündel der Pri-
mitivfasern verlaufen verschieden weit, das zweite Bündel von oben
scheint sich bereits im Längsstrang aufzulösen, andere lassen sich
bis zu den Urganglien hin verfolgen. v. vordere Nervenwurzeln.
Deren Bündel strahlen im Vorderhorn zu Fibrillen aus, die nicht

weit verfolgt werden konnten. Die Radiärfasern r sieht man überall im Mark verlaufen und aus ihm austreten, sie werden durch-
kreuzt durch Cirkulärfasern, die zu einem großen Teil von der
vorderen Kommissur v. c. herkommen. Rings um das Mark findet
sich die fast kernfreie Lage der Längsstränge, wo, durch vielfache
Verbindungen der Radiärfasern untereinander, die jetzt als Spongiosa bezeichnete Lage gebildet wird. Die Vergrößerung war zu
klein, um die Verhältnisse ganz deutlich darzustellen. Man sieht
indessen, daß sich an der vorderen Kommissur die Balken der
Radiärfasern ganz zu Nerven aufgelöst haben. Diese Nerven strahlen in
die Zellen des Vorderhorns, ja noch über diese hinaus als gekreuzte
Kommissur in den Vorderstrang aus. Die Punkte in den Vorder-
strängen sind optische Querschnitte von Nervenfasern, auch bei viel
stärkerer Vergrößerung sind sie verschieden dick und unregelmäßig
gelegen, bald dicht an der Radiärfaser, bald weiter ab, und durch
dickere oder dünnere Fäden mit diesen in Verbindung. Hinten
sind diese Nervendurchschnitte an dem vorliegenden Präparat dicker
gewesen als im Vorderstrang.

Fig. 57. Längsschnitt des Rückenmarks eines Rindsembryo, dessen Tränenfurche noch nicht geschlossen war, der also die Umwandlung der
Kiemenbögen zu Gesichts- und Halsteilen fast vollendet hatte. Vergrößerung 150. Der Schnitt hat die vordere Hälfte des Rückenmarks
getroffen, da sowohl bei g. die Leiste der Spinalganglien als
auch einige Strahlen der Nerven, die in der vorderen Wurzel liegen,
getroffen sind. M. pr. die Limitans. s. Längsstrang des Rückenmarks, er zeigt einen unregelmäßig durchflochtenen Verlauf der
Fibrillenbündel. gr. die graue Substanz des Marks; die Region der
Cirkulärfasern tritt nicht hervor und konnte dies an dem sehr feinen
Schnitt auch nicht, denn wenn man sich den Schnitt durch das
Rückenmark Fig. 56 gelegt denkt, so erkennt man, daß die auf
diesem Schnitt so deutlich hervortretenden Cirkulärfasern im feinen
Längsschnitt nicht, wenigstens nicht bei 150 facher Vergrößerung
gesehen werden. Der Schnitt ist nach dem Centralkanal zu sehr
fein geworden. Nur noch bei c sieht man die einer Cutikula ähnliche Schicht die Wand des Centralkanals überziehen, weiterhin
sieht man, wie von den tiefer liegenden Zellen der grauen Substanz
aus Fortsätze bis zur Oberfläche hinziehen. Diese Fortsätze erkennt
man zwar auch an den Figuren 55 und 56, indessen bei weitem
nicht so deutlich, wie an dem vorliegenden Schnitt.

Fig. 58. a. Ein Stück der vorigen Figur, nach links von dem Buchstaben c.
Bei 400 maliger Vergrößerung von mir selbst gezeichnet, während
Fig. 57 von meinem Zeichner ausgeführt ist. In meinen Zeichnungen
liegt mehr Studium der Verhältnisse vor, sie sind aber in den
Dimensionen und dem Gesamthabitus nicht so naturwahr, wie die
Zeichnungen meines Zeichners, des Herrn Wittmaack, der sich sehr

gut eingelernt hatte, aber doch stets unter meiner Kontrolle alle Einzelheiten zeichnen mußte. Man sieht sehr deutlich die Radiärfasern, denen sich die Zellen zu Gruppen anlagern. Es bestehen, wie man bei m. erkennen kann, die Radiärfasern aus einer Anzahl von Radiärfibrillen, die je den einzelnen Zellen, die fast wie in der Retina nur Kern zu sein scheinen, angehören. e. Ende der Zellenfortsätze an der Oberfläche des Centralkanals.

Fig. 58. b. Die äußere Partie eines anderen Längschnitts desselben Rückenmarks bei gleicher Vergrößerung von mir etwas zerpinselt und gezeichnet. Man sieht die Radiärfasern hin und wieder etwas auseinander fahren und sieht die an ihnen liegenden Zellengruppen. Man sieht ferner die Faserungen der Längsstränge und ihre Zusammensetzung aus recht feinen Primitivfibrillen, deren Verlauf ich nicht vollständig zu entwirren vermochte. Daß die Fibrillen in solcher Weise frei auswachsen sollten, will, wenn ich mich eines vulgären Ausdrucks bedienen darf, mir nicht in den Kopf.

Fig. 60. Radiärfaser aus dem Rückenmark desselben Embryos herausgepinselt. Bei a liegt die Zelle, mit der der Faden am Centralkanal seinen Ursprung nahm. In seinem Verlauf sieht man Andeutungen von abgehenden Ästen, am Ende liegt noch eine Zelle b, an der er sich teilt, um in das Fasergewirr des Längsstrangs überzugehen. 600 mal vergrößert.

Fig. 90. Radiärfaser bei 600 maliger Vergrößerung, isoliert dargestellt. Sie zeigt bei b einen abgehenden Nervenfaden, der im Verlauf durch die graue Substanz entstanden ist und trotz des Zerpinselns hängen blieb. Die Zellen am Centralkanal liegen so, als wenn sie sich nicht radiär geteilt hätten, ich glaube indessen, daß der Fortsatz von der einen Zelle nicht gehörig beachtet sein wird, und, wenn auch etwas verborgen, doch bis an die Oberfläche heran gegangen sein dürfte. Er könnte auch abgerissen sein.

Fig. 77. Querschnitt durch die Mitte eines Meerschweinchenembryos von etwa 15 Tagen. 600 malige Vergrößerung. Epth. primitives Chorion. h. Limitans des Chorion. i. k. inneres Keimblatt, in die Chorda übergehend. m. p. Limitans des Marks. Md. der mittlere Teil des Rückenmarks. Man sieht darin die Art, wie sich die Zellen zu Radiärfasern umwandeln und den Schein eines geschichteten Epithels hervorbringen, obgleich die Lage insofern einfach ist, als jede Zelle die ganze Dicke des Marks durchdringt. Die Annahme, daß die Chorda nur in das Entoderm eingelagert werde und ihr nicht angehöre, erscheint mir für Säugetiere ungenügend gestützt zu sein. Die hier als Chorion und Limitans desselben bezeichnete Schicht habe ich in meiner ersten Arbeit über die Entwicklung des Meerschweinchens noch für Epithel des Uterus erklären müssen. Erst in späteren Arbeiten habe ich erkannt und veröffentlicht, daß es sich nicht um Uterusepithel, sondern um die Chorionhülle, die in relativ früher Zeit von dem embryonalen Keimlager sich abschnürt, handle.

Fig. 78. Querschnitt durch das Rückenmark eines Rindsembryos mit noch offener Tränenfurche. Der Schnitt umfaßt die Gegend des Vorderhorns, ist aber stark ausgepinselt. Die Vergrößerung der Zeichnung ist nur 150 fach, doch wurde dabei häufig stärkere Vergrößerung verwendet, um den Verlauf der Fasern sicher angeben zu können. hk. Stratum der cirkulär verlaufenden Fasern. vh. Zellen des Vorderhorns. Der Reichtum an Zellenausläufern tritt zwischen den Bruchstücken a und b ziemlich deutlich hervor, doch hätte, um ihn gut zu zeigen, die Vergrößerung stärker gewählt sein müssen. Bei der Menge der von mir gegebenen Figuren mochte ich nicht eine so große Anforderung an den Platz stellen. Die vorderen Wurzeln d. strahlen in sehr feine Nerven aus, die wahrscheinlich bis zu den Urganglien hin gegangen waren, aber den Pinselstrichen nicht genügend Widerstand leisteten. e. Längsstrang, durch die Pinselstriche in seiner Struktur zerstört.

Fig. 100. Ein bisher noch nicht veröffentlicher Längsschnitt der Urwirbel vom Rindsembryo mit vollendeter Gesichtsbildung. Vergrößerung 300. e. Ektoderm, ct. Cutisblatt, a. äußere Lage des abgeplatteten Urwirbels, M. innere Lage, in der die Bildung der Muskelfasern schon erheblich vorgeschritten ist, b. Bindesubstanz.

INHALT.

Folgerungen für die Physiologie:

Ritterscher Faden S. 9. Tonus S. 20. Funktion der hinteren Wurzeln des Marks S. 29. Verirrungen der Nerven S. 33.

Folgerungen für die Histologie:

Limitans externa retinae S. 9. Nerven der Schnecke S. 15 (Mehrfache Nervenenden an einer Zelle fanden sich schon an der Retina der Cephalopoden). Nerven in der Epidermis S. 27. Nerven im Zahnbein S. 36.